运动参与和多元智能

费辰光　杨远都　王　苗◎著

人民体育出版社

图书在版编目（CIP）数据

运动参与和多元智能/费辰光，杨远都，王苗著
. — 北京：人民体育出版社，2024
ISBN 978-7-5009-6467-4

Ⅰ.①运… Ⅱ.①费… ②杨… ③王… Ⅲ.①体育运动社会学－研究 Ⅳ.①G80-05

中国国家版本馆 CIP 数据核字（2024）第 110511 号

*

人 民 体 育 出 版 社 出 版 发 行
北京盛通印刷股份有限公司印刷
新 华 书 店 经 销

*

710×1000 16 开本 13.5 印张 247 千字
2024 年 12 月第 1 版 2024 年 12 月第 1 次印刷

*

ISBN 978-7-5009-6467-4
定价：67.00 元

社址：北京市东城区体育馆路 8 号（天坛公园东门）
电话：67151482（发行部） 邮编：100061
传真：67151483 邮购：67118491
网址：www.psphpress.com

（购买本社图书，如遇有缺损页可与邮购部联系）

序　言

当费辰光博士联系我，希望我为本书作序时，我突然有种恍如隔世的感觉。当我试图回忆与书中内容相关的一切，尤其是回忆起我的挚友张建华老师时，觉得时光仿佛停留在昨天。我不禁想起老张在生前最后和病魔抗争的日子里，时常和我聊有关运动与多元智能的研究，那也许是一个终身从事教育的学者最后的职业快乐。

多元智能理论是美国哈佛大学教授霍华德·加德纳（Howard Gardner）在20世纪80年代提出的，90年代传入我国，已在国内发展多年，相关研究此起彼伏。该理论的观点与我国传统的因材施教等理念有异曲同工之处，对于中国当代青少年的成长和教育系统内部的调整或改革都至关重要，是可以引领未来中国教育思潮的经典理论。但不容忽略的是，眼下最突出的教育问题不在理念，而是有深刻的供需差异横亘在求知若渴的家庭和良莠不齐的教育资源之间，即便是素质教育，也难逃这场全民内卷。因此，对于研究工作来说，多元智能理论在国内的发展可能会处于一个相对漫长的瓶颈期，恐怕难以成为使研究者常有斩获的"好课题"。面对一个处在瓶颈期的研究方向，是坚守并寻求突破，还是另辟蹊径？是继续铺路建设，还是合理规避？这些都是研究者需要思考的问题。

更为棘手的是未来的发展。多元智能的评测仍无法摆脱传统的大样本量表类研究，这无疑为后续成果的发表增加了难度。在神经认知与脑电实验盛行的时代，在追求研究方法与技术难度的氛围中，以及对研究范式的接纳并不宽容和理性的背景下，老张却坚持站在教育意义的立场上，专注于他执着的问题意识，选择了在横向与纵向上双重攻坚。老张当然知道这样做是"不合时宜"的，但当他认定某件事有意义且值得去做时，他就会抛开那些功利的思量，笃定且偏执地上马并一往无前。

老张早在他的博士论文《体育知识论》中就探讨体育到底是不是知识，或者说属于哪种知识，它能否或者如何改变人们的思维、促进人们的认知。我们这一代体育人常常被贴上"四肢发达、头脑简单"的标签，这一论断虽然荒谬，但很

运动参与和多元智能

多人对此深信不疑。如何科学地论辩这个命题，成了很多体育学科研究者终生致力于的课题。老张在《体育知识论》中开始探求多元智能的理论发展和评测，从加德纳的理论出发，论证运动能力本身就是智能的维度，直接颠覆了相关命题的基础。当人们还在探讨运动和智力是否存在相关性的时候，该理论已将运动智能直接纳入智力理论中，进一步探讨运动和其他种类智能的关系。这一研究话题具有极强的延展性和广阔的前景，这为他后续的研究埋下了伏笔。

执着的人常常会被境遇眷顾。老张有高效且优秀的研究团队，能够和他一起攻坚学术难题。在他的诸多学生中，费辰光是最适合执行这个项目的人选。他本科就读于北京师范大学体育学院，他爱好广泛，在学生工作中表现出色，有很好的文笔和口才，还是音乐特长生，在多元智能理论提及的多个维度上都有很好的表现。他于 2010 年入学攻读研究生，项目也在那时正式启动。由于项目涉及大量问卷的发放与回收，对数据质量要求极高，师徒两人带领团队跑遍了北京各大高校，采集和回收研究样本。我和我的团队成员也在不同程度上参与了这个项目。

当费辰光博士毕业时，适用于大学生进行自我评测的多元智能量表基本编制完成，并应用此量表研究了运动与多元智能的相关性，为这项研究确立了范式、奠定了基础。这部分构成本书的第 2 部分。在此基础上，王苗和杨远都分别完成了高中生和初中生的量表编制及研究应用部分，这构成本书的第 3 部分和第 4 部分。至此，本书的内容已基本完成。

老张是一个追求完美的人，他还想继续对书中的内容进行补充和论证。然而，2018 年以后，他的身体和精力已难以支撑学术写作。一年后，他和我们所有人挥手作别……疫情这几年，我和当年的那些学生们分处天涯海角，继续各自的生活，而那些曾经相关的研究也随着老张的离开而渐渐沉寂，直到费辰光再次联系到我。作为当年这项研究的见证人，我欣慰地看到它终于可以完整地呈现在世人面前，以此纪念那段求知的岁月。

高　嵘
2023 年 9 月 10 日
北京

目 录

第1部分 绪 论

1 问题提出 ·· 2

2 概念界定 ·· 4

   2.1 运动参与 ··· 4

   2.2 智力 ·· 5

   2.3 多元智能 ··· 6

3 文献综述 ·· 9

   3.1 运动参与的相关研究 ··· 9

      3.1.1 集体项目和个人项目 ··· 9

      3.1.2 开放式和闭锁式 ··· 10

      3.1.3 项群理论下的运动选择 ·· 12

   3.2 多元智能的相关研究 ··· 14

      3.2.1 多元智能理论的研究 ·· 14

      3.2.2 多元智能量表的研究 ·· 15

   3.3 运动与智力的相关研究 ··· 16

      3.3.1 心理测量学取向的研究 ·· 17

      3.3.2 认知心理学取向的研究 ·· 19

      3.3.3 运动与多元智能 ··· 21

      3.3.4 其他学科范式的研究 ·· 22

   3.4 研究展望 ··· 23

      3.4.1 智力理论发展的多元性可能为此项研究提供新的范式 ········ 23

      3.4.2 以测量学为取向的研究与新兴智力理论结合 ············ 24

第2部分　运动参与和大学生多元智能关系的研究

1 研究设计 ··· 26
   1.1 研究思路 ·· 26
   1.2 研究方法 ·· 27
      1.2.1 文献资料法 ··· 27
      1.2.2 专家访谈法 ··· 28
      1.2.3 问卷调查法 ··· 28
      1.2.4 数理统计法 ··· 29

2 大学生多元智能量表的研制与检验 ··· 30
   2.1 大学生多元智能量表编制前的预备研究 ································· 30
      2.1.1 量表的理论依据 ·· 30
      2.1.2 专家和学生的访谈 ····································· 31
   2.2 大学生多元智能量表初测试及结果分析 ································· 32
      2.2.1 初测试调查对象 ·· 32
      2.2.2 初测试量表信效度分析 ································ 32
      2.2.3 多元智能量表修订版 ·································· 39
      2.2.4 初测试量表各因素相关性分析 ·························· 42
   2.3 大学生多元智能量表验证测试及结果分析 ······························· 43
      2.3.1 验证测试调查对象 ····································· 43
      2.3.2 验证测试量表信效度分析 ······························ 44
   2.4 关于多元智能量表编制的说明和讨论 ··································· 46
      2.4.1 多元智能量表的信效度 ································ 46
      2.4.2 多元智能各因素之间的相关性 ·························· 47
      2.4.3 多元智能量表的文化差异 ······························ 47

3 多元智能量表在大学生运动参与领域的应用 ······································ 49
   3.1 研究对象和方法 ·· 49
      3.1.1 研究对象 ··· 49
      3.1.2 研究方法 ··· 50

3.2 研究结果 ··· 51
3.2.1 大学生运动参与情况的调查 ··· 51
3.2.2 是否参与运动的大学生在多元智能水平上的比较 ························ 57
3.2.3 运动参与程度不同的大学生在多元智能水平上的比较 ··················· 68
3.2.4 运动参与项目不同的大学生在多元智能水平上的比较 ··················· 70
3.3 分析和讨论 ··· 74
3.3.1 运动参与和多元智能 ··· 74
3.3.2 不同程度运动参与和多元智能 ·· 75
3.3.3 不同类型运动项目和多元智能 ·· 76

4 结语 ··· 80
4.1 研究结论 ··· 80
4.1.1 完成大学生多元智能量表的设计 ··· 80
4.1.2 运动参与对大学生的多元智能发展具有积极影响 ······················· 80
4.2 研究创新 ··· 80
4.3 研究展望 ··· 81

附录 ··· 82
附录1 "大学生多元智能水平调查量表"专家意见表 ···························· 82
附录2 运动参与和大学生多元智能水平调查问卷（初测版）··················· 91

第3部分 运动参与和高中生多元智能关系的研究

1 研究背景 ··· 98
1.1 研究意义 ··· 98
1.1.1 理论意义 ··· 98
1.1.2 实践意义 ··· 99
1.2 研究创新 ··· 99

2 研究设计 ·· 100
2.1 研究对象 ·· 100
2.2 研究方法 ·· 100
2.2.1 文献资料法 ·· 100
2.2.2 问卷调查法 ·· 100
2.2.3 数理统计法 ·· 101

3 高中生多元智能量表的研制与检验 ·· 102
3.1 根据多元智能理论编制各个维度题目 ·· 102
3.1.1 构建一级指标 ·· 102
3.1.2 构建二级指标 ·· 102
3.2 团队讨论修改题目 ·· 108
3.3 专家意见 ·· 109
3.4 根据专家意见修改量表 ·· 111
3.5 问卷的发放与整理 ·· 112
3.6 高中生多元智能量表的结构效度分析 ·· 112
3.6.1 原始状态的结构方程模型 ·· 112
3.6.2 结构方程模型的整体修正 ·· 114
3.7 高中生多元智能量表的信度分析 ·· 116

4 多元智能量表在高中生运动参与领域的应用 ··· 118
4.1 北京市八所中学高中生的运动参与情况 ·· 118
4.1.1 不同性别高中生运动参与情况 ·· 118
4.1.2 不同年级高中生运动参与情况 ·· 119
4.1.3 高中生运动参与的频率、时长和强度 ·· 119
4.1.4 高中生运动参与的项目类型 ·· 120
4.2 高中生八种智能维度之间的相关性分析 ·· 122
4.3 高中生运动参与与否在八种智能维度上的比较 ···································· 123
4.4 高中生运动参与经常性与多元智能发展水平的关系 ···························· 124

  4.5 运动参与项目类型与交际智能的关系 ······················· 127
  4.6 运动参与项目类型与内省智能的关系 ······················· 129

5 结语 ·· 130

  5.1 结论 ·· 130
    5.1.1 本研究编制的高中生多元智能评定量表具有良好的信效度 ········ 130
    5.1.2 高中生参与运动能够提高多元智能水平 ················· 130
  5.2 建议 ·· 132
    5.2.1 高中生应该树立正确的体育观，主动参加体育活动 ········· 132
    5.2.2 学校应努力激发学生兴趣，丰富体育活动 ············· 132
    5.2.3 学校应合理安排学生运动时间，发展多种运动项目 ········· 133
  5.3 研究不足及后续研究问题 ····································· 133

附录 ·· 134

  附录1 "高中生多元智能水平调查量表"专家意见表 ················ 134
  附录2 运动参与和高中生多元智能水平调查问卷 ················ 143

第4部分 运动参与和初中生多元智能关系的研究

1 研究背景 ··· 150

  1.1 研究目的 ·· 150
  1.2 研究意义 ·· 151
    1.2.1 理论意义 ·· 151
    1.2.2 实践意义 ·· 151
  1.3 研究创新 ·· 151

2 研究设计 ··· 152

  2.1 研究对象 ·· 152
  2.2 研究思路 ·· 152

2.3 研究方法 ··· 153
2.3.1 文献资料法 ·· 153
2.3.2 逻辑分析法 ·· 153
2.3.3 专家访谈法 ·· 153
2.3.4 问卷调查法 ·· 153
2.3.5 数理统计法 ·· 153

3 初中生多元智能量表的研制与检验 ··· 154

3.1 初中生多元智能量表的设计原理与要求 ·· 154
3.1.1 初中生多元智能量表的设计原理 ·· 154
3.1.2 初中生多元智能量表的设计要求 ·· 154

3.2 初中生多元智能量表的设计步骤 ··· 155
3.2.1 根据智能的定义提取原始参考指标并分类 ····································· 155
3.2.2 根据分类指标制定初选项目池 ··· 159
3.2.3 针对项目池进行团队讨论 ·· 160
3.2.4 内容效度检验（专家访谈）··· 161
3.2.5 内容效度检验（学生访谈）··· 162
3.2.6 确定最终的项目池 ··· 164
3.2.7 发放与整理量表 ·· 168
3.2.8 结构效度检验和模型修正 ·· 169
3.2.9 量表的信度分析 ·· 171
3.2.10 确定最终的项目 ··· 171

4 多元智能量表在初中生运动参与领域的应用 ··· 172

4.1 初中生运动参与情况 ·· 173
4.1.1 不同性别的初中生运动参与情况 ·· 173
4.1.2 不同年级的初中生运动参与情况 ·· 173

4.2 初中生主动参与运动的频率、时间、强度 ·· 174
4.2.1 初中生主动参与运动的频率 ··· 174
4.2.2 初中生主动参与运动的时间（平均每次）···································· 174
4.2.3 初中生主动参与运动的强度（平均每次）···································· 175

- 4.3 不同运动项目的参与情况 175
  - 4.3.1 不同运动项目参与人数 175
  - 4.3.2 参与项目类别 176
- 4.4 初中生八种智能维度之间的相关性分析 176
- 4.5 初中生运动参与与否在八种智能维度上的比较 178
- 4.6 初中生运动参与经常性与多元智能发展水平的关系 180
- 4.7 运动参与项目类型与交际智能的关系 183
- 4.8 运动参与项目类型与内省智能的关系 184

5 结语 186

- 5.1 结论 186
  - 5.1.1 初中生八种智能维度之间存在中低度相关 186
  - 5.1.2 初中生是否参与运动对部分智能影响较大 186
  - 5.1.3 初中生运动参与经常性明显影响部分智能的发展，并且对不同智能影响的程度不同 186
  - 5.1.4 初中生参与运动项目的不同对交际智能影响较大，对内省智能影响不大 186
- 5.2 建议 187
  - 5.2.1 教师的教育观 187
  - 5.2.2 学生的学习观 187
- 5.3 研究局限及展望 188
  - 5.3.1 研究局限 188
  - 5.3.2 研究展望 188

附录 189

附录1 "初中生多元智能水平调查量表"专家意见表 189

附录2 运动参与和初中生多元智能水平调查问卷 194

主要参考文献 198

后记 200

第1部分

绪 论

多元智能理论具有强大的包容性，既保留了传统智力理论的可测量性，也体现了当代智力理论更加全面的趋势，因此被广泛应用于教育改革与创新中。同时，该理论强调每个人都是具有多种能力组合的个体，为关注大众群体在运动中的受益提供了新的角度。在运动与多元智能关系的研究中，以新兴智力理论为依托，借鉴传统智力理论可测可评的优势来研究不同类别、不同程度的运动参与对不同因素的智力发展的影响，将使研究更具有针对性。

1 问题提出

随着社会的发展，人们的日常行为对"脑"的要求越来越高，"脑消耗"不仅仅是人们养家糊口的主要手段，更被视作高收入阶层的群体特征。在追求经济发展的社会形态中，人们通常采用直接高效的习得方式来培养职业和生存技能，而对运动的认知单纯地偏重于强身健体和休闲娱乐，这一思维直接导致了在体育教学和终身体育意识形式过程中，除身体机能外的其他教化部分被严重地忽视，也使运动参与在一个人的成长和发展过程中被逐渐边缘化。另外，中国传统文化中"重文轻武"的思想和当下的应试教育政策，使运动参与成为年轻人成长过程中的"鸡肋"。长期以来，政府、学校、家庭等多方面对此的关注不足，青少年自身在"唯读书论"的成长环境下很难从偶尔的体育活动中获得更多的效益。因此，通过研究发现和明确个体在运动中的获益是扭转这一局面的有效途径。已经有大量研究证明了运动对于青少年身心健康的重要性，但有关运动和智力关系的研究存在争议。

在人们旧有的认知中，智力是一种强调处理语言、数理等领域信息的能力，而运动只是身体的活动，两者之间的关系显得遥远而模糊，许多研究说法不一，争议不断。近年来，人们研究的主要趋势是认同运动与智力之间有相互促进的关系，但仍然被质疑，这些质疑大部分源于在智力的概念上存在认知差异。就像罗素（Russell）在《西方哲学史》的绪论中提到的问题：究竟有没有智力这样一种东西，还是看来所谓的智力，仅仅是极精练的愚蠢[1]。类似的问题困惑了人类几个世纪，社会的不断变化，使人类对于自身智力的认识不断地翻新。生活在被称为"多元化社会"的今天，人们不仅更加重视个体的存在与价值，还强调文化与知识的多元性，传统智力观的局限日益明显，教育领域正在发生巨大的变革，各种新的智力理论应运而生。

美国哈佛大学教授、当代世界著名的心理学家和教育学家霍华德·加德纳（Howard Gardner）在1983年第一次完整地提出了多元智能理论（Multiple Intelligence，也可翻译为多元智能，本书中的智力与智能为同一概念）。多元智能

---

[1] RUSSELL B. A history of western philosophy[M]. New York: Simon and Schuster, 1945.

理论认为人的智力是多元的，它包括语言（Verbal/Linguistic）、逻辑数学（Logical/Mathematical）、空间（Visual/Spatial）、身体运动（Bodily/Kinesthetic）、音乐（Musical/Rhythmic）、交际（Inter-personal/Social）、内省（Intra-personal/Introspective）、自然探索（Naturalist）。这些智力因素在各个方面都发挥着同等重要的作用，并不是只有在某些领域成功的人才算智者。加德纳认为传统理论中对智力的定义过于狭窄，不能正确反映一个人的真实能力，人的智力应该是一个度量解决问题能力的指标。多元智能理论对传统的智力定义和测量手段提出了挑战，特别是对传统的教育方法和教学评价产生了很大冲击，拓展了对人类智力研究的新领域，为全面认识和评价学生提供了新的理论依据。国外已有多元智能量表研究表明，青少年或成人的多元智能倾向可以通过自我评定的方式进行测量。然而，多元智能量表在不同文化背景下的通用性研究仍存在较大争议，目前研究的难点在于缺乏适用于国内青少年和大学生的多元智能评价量表。

2 概念界定

2.1 运动参与

运动的英文为 Sport，源自古希腊拉丁语 Deportare，意指余暇时间的各种活动，在中世纪法语中，变成 Deport。该词于 1440 年前后出现在英国，随后英国人将其转变为 Disport，在 15 世纪左右将词头 di 去掉，缩写成 Sport 或 Sports。随着时间的推移，Sport 一词发展为多层含义，在各种文化和各个历史时期里被赋予了不同的定义[1]。

Coakley 从传统的运动的定义出发，认为运动是指有组织的竞赛活动；在活动中涉及严格的身体的运用或者相关的复杂的身体技能的使用，并且通过积极参与获得内心的或外部的奖励[2]。周爱光认为竞技运动是一种具有规则性、竞争性或挑战性、娱乐性和不确定性的身体活动[3]。

处在不同历史时期、不同自然环境、不同文化背景下的人们，对于"运动"一词的概念和理解会有所不同，尤其在当今这样一个知识更新迅速的时代，对运动进行精确的定义更加困难。因此，需要一个在不断变化的认知状态下尽可能地保持全面且客观的定义来确保人们对运动的概念有全面的理解。综合以上观点，本书认为运动的概念应包含两个要点：首先，运动的基本性质是一种身体活动，这一基本性质将其与当下比较热门且具有争议性的电子竞技类运动或棋类、桥牌类运动区分开来；其次，运动的特点是具有规则性、竞争性或挑战性、娱乐性，这些特点符合当代人对运动的普遍认知。

参与是人在生活中具有倾向性的表现行为，主动的参与具有心理和行为两种倾向性；被动的参与往往在心理上缺乏倾向性，但因为其行为具有倾向性，所以构成了参与。随着社会的进步，有关参与的研究不仅关注外在的、可见的活动，还关注人的内心活动，如个体对群体的认知、情感等。因此，本书中所强调的参

---

[1] 卢元镇. 体育社会学[M]. 4 版. 北京：高等教育出版社，2018.
[2] COAKLEY J J. Sport in society: issues and controversies[M]. 6th ed. Boston: Irwin/McGraw-Hill, 1998.
[3] 周爱光. 竞技运动异化论[M]. 广州：广东高等教育出版社，1999.

与是身心能量的投入，参与效果与参与程度成正比。

运动参与是运动和参与两个基本概念的组合体，源于英文 Sports Participation，是一个看似不难理解的词汇，因此国内对其概念的研究相对较少。从字面上来看，参与是运动的行为或状态，运动是参与的目标，参与的内涵决定着运动参与的内涵。

《义务教育体育与健康课程标准（2022年版）》中明确提出：运动参与是学生发展体能、获得运动技能、提高健康水平、形成乐观开朗的生活态度的重要途径。鼓励学生主动参与运动的关键是通过形式多样的教学手段、活动内容，培养其参与运动的兴趣和爱好，形成坚持锻炼的习惯和终身体育的意识，并在此基础上使学生掌握科学锻炼身体的方法[1]。

本书站在一个更宽泛的视野上认为运动参与应泛指人们在体育活动中身体、心理等方面的投入。虽然有关运动参与的研究多以学生为主体，但这些研究所得到的结论和成果应面向更广大的人民群众，使更多的人群能够科学地、积极地参与到运动中，并在运动中获益。

2.2 智　　力

随着"知识大爆炸"时代的到来，人们在社会生活中面临着各种有待解决的问题，这些问题不断刷新着人类对智力的认知。随着经济的发展、教育的需要，人们对智力的关注达到了前所未有的热度。当代的智力理论已不可避免地进入百家争鸣时代，任何一种智力理论和研究范式的出现，都会同时受到追捧与质疑。

《现代汉语词典》（第7版）中对智力的解释为：指人认识、理解客观事物并运用知识、经验等解决问题的能力，包括记忆、观察、想象、思考、判断等[2]。《心理学大辞典》中对智力的解释为：认识方面的各种能力，即观察力、记忆力、思维能力、想象能力的综合，其核心成分是抽象思维能力[3]。

蔡笑岳和邢强对当代有关智力的概念进行了比较分析，对各种观点进行了归

---

[1] 中华人民共和国教育部. 义务教育体育与健康课程标准（2022年版）[M]. 北京：北京师范大学出版社，2022.
[2] 中国社会科学院语言研究所词典编辑室. 现代汉语词典[M]. 7版. 北京：商务印书馆，2016.
[3] 林崇德，杨治良，黄希庭. 心理学大辞典[M]. 上海：上海教育出版社，2003.

纳[1]：从理性哲学的观点出发，认为智力是抽象思维能力，其代表人物是美国心理学家推孟（Terman）和法国心理学家比奈（Binet），他们把智力理解为正确的判断能力、透彻的理解能力和适当的推理能力，指出人的智力和其抽象思维能力成正比；从教育学的观点出发，认为智力是学习能力，其代表人物是伯金汉（Buckingham）和迪尔伯恩（Dearborn），他们指出智力就是学习的潜能，学习成绩的好坏代表了智力水平的高低，智力水平高的个体比智力水平低的个体更容易掌握较难的学习材料，他们的学习速度更快、效果更好；从生物学的观点出发，认为智力是适应新环境的能力，其代表人物是美国心理学家桑代克（Thorndike）和德国心理学家施太伦（Stern），他们认为智力是指个体有意识地以思维活动来适应新情境的一种潜力，个体的智力水平越高，则他们适应环境的能力也就越强；从整合的角度出发，认为智力是一种综合的能力，其代表人物是斯滕伯格（Sternberg）和韦克斯勒（Wechsler），他们认为智力是个体心理能力的总和，是多种能力的综合体。

在当代社会中，人们更加重视个体的存在与价值，更加强调文化与知识的多元性，对人类智力的认识和研究也不断深入。当各种智力量表依然在评判人们的自我潜能时，强调智力发生过程的认知心理学已经强势崛起。20世纪80年代以后，三大新兴智力理论（多元智能理论、成功智力理论、情绪智力理论）脱颖而出，形成与传统智力理论相抗衡的新格局。与此同时，还存在可能在未来发展为主流力量的其他智力理论，如生物生态学方向或认知神经科学方向的智力理论等[2]。

2.3 多元智能

智力和智能在本书中没有特别大的差异，都是由英文 Intelligence 一词翻译而来的。加德纳的著作在国内翻译中通常使用多元智能这一表述，且多元智能理论本质上是一种智力理论，因此涉及广义的理论分析时，本书会使用"智力"一词；而涉及多元智能理论研究时，本书会使用"多元智能"一词。如果一定要说二者存在的细微差异，则从认知角度理解，智力是大脑的一种内化的能力，而作为人

---

[1] 蔡笑岳，邢强. 智力心理学[M]. 广州：暨南大学出版社，2012.
[2] 赵笑梅. 智力理论的最近发展与演变[J]. 比较教育研究，2005，26（1）：49-53.

本主义学者的加德纳，可能认为智能还包括外在的表现和倾向。

加德纳认为人类智能表现在各个方面，并不是只有在某些领域获得成功的人才算智者，而过去对智力的定义过于狭窄，未能正确反映一个人的真实能力，它应该是一个量度人类的解决问题能力的指标。根据这个定义，他将人类智能划分为以下八个范畴。

语言智能：主要是指有效地运用口头语言及文字的能力，即听、说、读、写的能力，表现为个人能够顺利而高效地利用语言描述事件、表达思想并与人交流。语言智能较高的人包括作家、记者、律师等。

逻辑数学智能：在本书中简称数学智能，指学习时靠推理来进行思考，喜欢提出问题并执行实验以寻求答案，热衷于寻找事物的规律及逻辑顺序，对科学的新发展富有浓厚的兴趣，对可被测量、归类、分析的事物比较容易接受。从事与数字有关工作的人特别需要这种有效运用数字和推理的智能。

空间智能：强调人对色彩、线条、形状、形式、空间的敏感性，感受、辨别、记忆、改变物体的空间关系并借此表达思想和情感的能力比较强，表现为对空间关系的敏感，并把所知觉到的通过平面图形和立体造型表现出来，在学习时是用意象及图像来思考的。空间智能较高的人包括摄影师、画家、工程师等。

身体运动智能：在本书中简称运动智能，是指善于运用整个身体来表达想法和感觉，以及运用双手灵巧地生产或改造事物的能力。运动智能较高者通过身体感觉来思考，他们很难长时间坐着不动，喜欢动手建造东西，喜欢户外活动，与人谈话时经常运用手势或其他肢体语言。这种智能突出表现在运动员、舞蹈演员或戏剧演员身上。

音乐智能：主要是指敏感地感知音调、旋律、节奏和音色，表现为通过作曲、演奏和歌唱等表达音乐的能力。这种智能突出表现在指挥家、乐手、歌手、乐器制作者等人身上。

交际智能：主要是指能够有效地理解别人，发现人与人之间各种微妙关系，表现为有很强的与人交际的能力，其中包含组织能力、协商能力、分析能力和人际联系能力。交际智能较高的人包括政客、经纪人等。

内省智能：主要是指能认识到自己的能力，即正确把握自己的长处和短处，把握自己的情绪、意向、动机、欲望，对自己的生活有规划，能自尊、自律，会吸收他人的长处，会从各种反馈信息中了解自己的优劣。这种智能在优秀的哲学家、心理学家身上有突出的表现。

运动参与和多元智能

自然探索智能（是加德纳在后来的著作中补充的）：在本书中简称自然智能，主要是指认识植物、动物和其他自然环境的能力。自然智能较高的人在打猎、耕作、生物科学领域表现得较为突出[1]。

多元智能理论能够对智力的因素和途径进行详细的阐述，更适用于在智力的相关研究中比较和分析不同人群的智力差异。因此，该理论能够从众多智力理论中脱颖而出，并在当代心理学和教育学领域中获得广泛关注[2]。

---

[1] GARDNER H. Multiple intelligences: the theory in practice[M]. New York: Basic Books, 1993.
[2] CECI S J. On intelligence: bioecological treatise on intellectual development[M]. Expanded ed. Cambridge: Harvard University Press, 1996.

3 文献综述

3.1 运动参与的相关研究

3.1.1 集体项目和个人项目

将运动项目分为集体项目和个人项目，是体育学领域对运动项目最基本的分类之一，这种分类以运动组织形式为依据，其差异是显而易见的。集体项目需要多人协作完成运动任务，如足球、篮球、排球等；个人项目则仅仅依靠个人完成运动任务，如跑步、游泳等。

张力为等以 370 名运动员作为研究样本，探讨了对集体项目和个人项目进行非智力特征分解的可能性。研究结果表明：在矛盾情绪表达、一般健康状况、身心症状、社会支持、成就动机、生活满意感、自尊、运动动机和同情心九个方面，均未发现集体项目和个人项目的差异。研究认为训练年限的长度和心理量具的敏感性是今后对运动项目进行心理学非智力特征分解时需要注意的问题[1]。

兰保森通过实验法和问卷调查法对 80 名少数民族大学生的心境状况进行了测量，并运用 T 检验、协方差分析等统计学方法验证不同体育项目对少数民族大学生心境状况改善的效果。研究结果表明：体育锻炼对少数民族大学生的心境能够产生有益的影响，不同体育锻炼项目对少数民族大学生心境状况的影响呈现出不同的特点；集体项目的锻炼价值高于个人项目；不同项目对心境各维度的影响效果存在一定的差异，这与项目特点具有密切关系[2]。

Eagleton 等通过艾森克人格问卷测量 90 名参加集体运动、个人运动或不参加运动的本科学生，对比他们的外向性和神经质。研究结果表明：集体项目参与者在外向性的得分上要高于个人项目参与者和无运动参与者[3]。

---

[1] 张力为，林卫国，张禹，等. 集体项目和个人项目的非智力特征分解研究[J]. 天津体育学院学报，1999，14（4）：15-19.
[2] 兰保森. 个人和集体项目对少数民族大学生心境状况的影响比较研究[J]. 南京体育学院学报（社会科学版），2010，24（4）：124-128.
[3] EAGLETON J R, MCKELVIE S J, MAN A D. Extraversion and neuroticism in team sport participants, individual sport participants, and nonparticipants[J]. Perceptual and motor skills, 2007, 105(1): 265-275.

◇ 运动参与和多元智能

Devecioglu 等研究了参与集体和个人运动项目的大学生社会化等级，来自四所学校不同专业的 587 名学生参与了研究，并填写了 Sahan 创编的社会化量表。通过斯米尔诺夫检验和双因素方差分析得出结论：参加集体项目的大学生的社会化水平显著高于参与个人项目的大学生的社会化水平，不同的专业也对大学生的社会化水平有所影响[1]。

国内外均有较多相关的定量研究，主要关注青少年的社会化和人格特质，常用的研究范式为：通过心理学常用的实验或量表，对比不同运动项目参与者在测量分数上的差异。现有研究结论普遍认为同个人项目相比，集体项目更有助于普通大学生社会化的发展。

3.1.2 开放式和闭锁式

Magill 根据环境背景的稳定性将运动技能分为闭锁式和开放式：闭锁式运动技能指操作环境稳定或者可以被预知，操作者可以控制动作开始的运动技能；开放式运动技能指操作环境不稳定或无法被预知，操纵者或操作背景处于运动状态，并且动作开始时间由外界条件决定[2]。以此类推，以使用开放式运动技能为主的运动项目为开放式运动项目，以使用闭锁式运动技能为主的运动项目为闭锁式运动项目。

现有的体育教学内容的确包括这两类运动项目：田径、体操等运动较少受到外界情境因素的影响，属于典型的闭锁式运动项目；而球类项目由于其技术运用依赖情境的变化，属于典型的开放式运动项目。对于闭锁式运动项目而言，技术完成的熟练程度是评价的重点；而对于开放式运动项目而言，除技术完成的熟练程度外，还涉及具体情境下完成技术的能力[3]。开放式运动项目自身的特性决定其学习原理更复杂、学习领域更广泛，除基本运动技术的学习外，还需要发展思考、判断等多方面的能力，而这些能力也是体育新课程与教学改革中大力提倡的内容，如探究能力、创新能力等[4]。

---

[1] DEVECIOGLU S, SAHAN H, YILDIZ M, et al. Examination of socialization levels of university students engaging in individual and team sports[J]. Procedia - social and behavioral sciences, 2012, 46(9): 326-330.
[2] MAGILL R A. Motor learning: concepts and applications[M]. 6th ed. New York: The McGraw-Hill Companies, 2001.
[3] 柴娇,何劲鹏,姜立嘉. 开放式运动技能学习原理及其在篮球教学中的应用[J]. 体育学刊, 2010, 17（9）: 65-68.
[4] 王健. 运动技能与体育教学——大中小学学生运动技能形成过程的理论探讨与实证分析[M]. 北京：北京体育大学出版社, 2009.

王健和李宗浩采用教学试验法对英语专业本科女生习得排球和大众健美操项目的运动技能过程进行实证研究。研究结果表明：在排球项目的开放式运动技能教学过程中，教师应该把学生学习和运用运动技能的注意力引导到对周围的环境信息变化及激发必要的动作技术或组合的反应上来；在大众健美操项目的闭锁式运动技能教学过程中，教师应该把学生学习和运用运动技能的关注点放在理解成套动作语汇及展示乐感动作组合上[①]。

晁卫华在苏州市区三所培智学校中各抽取一个班级的学生作为研究对象，分别在开放式运动技能学习、闭锁式运动技能学习和开放式+闭锁式运动技能学习三个实验组中，进行一个学期的教育现场实验研究。他采用"儿童智力筛查量表"和EP202/203反应时测定仪，在实验前和实验后对被试者的智力水平及简单反应时、选择反应时进行了测定。实验结果表明：不同运动技能对智力落后学生智力的影响不同；体育活动改善智力落后学生的智力水平在很大程度上是通过提高他们的操作能力实现的[②]。

Kizildag和Tiryaki比较了优秀运动员在运动项目中的表象使用，151名来自集体开放式运动项目、个人开放式运动项目和个人闭锁式运动项目的土耳其高水平运动员（15～29岁）完成了运动表象问卷。单因素方差分析的结果表明：集体开放式运动项目和个人闭锁式运动项目中的男女运动员比个人开放式运动项目的运动员更多地运用了主动表象[③]。

Liu等选取了68名大学生，随机分入被动知识表现组、主动知识表现组和无知识表现组。被试者要完成一个乒乓球反手回球的预测试，然后根据他们自己反馈的情况先完成25次实践尝试，再完成一个转移测试。多因素方差分析的结果表明：在完成各部分试验后，所有被试者的测试成绩都有显著提高；在转移测试中，性别和反馈之间存在交互作用，男生的准确性要显著高于女生。研究表明：在开放式运动技能的学习中，男女生之间存在差异[④]。

---

① 王健，李宗浩. 开放式与闭锁式运动技能教学方法的比较研究——以普通高校女生排球和大众健美操项目运动技能的习得过程为例[J]. 天津体育学院学报，2007, 22 (1): 59-62.
② 晁卫华. 开放式与闭锁式运动技能教学对智力落后学生智力影响的研究[D]. 苏州：苏州大学，2007.
③ KIZILDAG E, TIRYAKI M S. Imagery use of athletes in individual and team sports that require open and closed skill[J]. Perceptual and motor skills, 2012, 114(3): 748-756.
④ LIU J, FU H J, CHEN S H, et al. The effect of provided and self-requested knowledge of performance on acquisition and transfer performance of an open sport skill in college students[J]. Asian journal of exercise & sports science, 2014, 11(2): 46-55.

在应用开放闭锁理论的研究中，研究者更多地采用认知心理学取向的范式，与有关集体个人运动项目的研究相似，使用心理学实验和量表来比较不同运动参与项目人群的认知能力。研究的结论较多，但可以简单地概括为不同的运动项目对于认知能力的影响不同。

3.1.3 项群理论下的运动选择

研究者在探讨众多运动项目共同规律的过程中强烈地感受到，不同运动项目的异同源自人类文明发展的历史、自然环境等方方面面，很难将不同运动项目所具有的多种风格和特点做出单一的概括与归纳，而如果将某几个项目进行比较，它们的许多共同特点便会清晰地显现出来。例如，足球、篮球的进攻和防守战术，长跑、游泳、骑自行车对心血管系统功能和肌肉耐力的提升，艺术体操、花样游泳、花样滑冰的动作创新和编排技巧，乒乓球、羽毛球、网球的发球和接发球技术，等等。

基于研究中的困境，田麦久等在竞技体育领域中建立了项群训练理论，在竞技体育的一般训练理论和专项训练理论之间建立了一个新的层次，使其成为运动训练学的一个重要基础理论。项群训练理论以不同项目的本质属性所引起的项目之间的异同点为依据，将一组具有相似竞技特征及训练要求的运动项目放在一起进行比较研究，依照决定运动员竞技能力的主导因素建立了三个重要的分类标准，即竞技能力的主导因素、动作结构、运动成绩的评定方法，并进行相应的研究[①]。按竞技能力的主导因素对竞技项目的分类如表 1-3-1 所示。

表 1-3-1 按竞技能力的主导因素对竞技项目的分类[②]

大类	亚类	主要项目
体能主导类	快速力量性	跳跃、投掷、举重
	速度性	短距离跑、短距离游泳、短距离速度滑冰、短距离赛场自行车
	耐力性	中长、超长距离走、跑、滑冰，中长、超长距离游泳，越野滑雪，中长、超长距离公路自行车，划船

---

① 田麦久，麻雪田，黄新河，等. 项群训练理论及其应用[J]. 体育科学，1990（6）：29-35，94.
② 田麦久，刘筱英. 论竞技运动项目的分类[J]. 体育科学，1984（3）：41-46.

续表

大类	亚类		主要项目
技能主导类	表现	准确性	射击、射箭、弓弩
		难美性	体操、艺术体操、技巧、跳水、花样滑冰、冰舞、花样游泳、武术（套路）、自由式滑雪、滑水
	对抗	隔网性	乒乓球、羽毛球、网球、排球
		同场	足球、手球、冰球、水球、曲棍曲、篮球
		格斗	摔跤、柔道、拳击、击剑、武术（散打）

  吴本连运用文献资料法、教学实验法和数理统计法，研究体育自主学习影响学习不同项群大学生创新能力的效果。实验结果表明：在培养大学生创新能力方面，体育自主学习方式比传统学习方式更能够有效提高大学生的创新能力；学习方式与项群之间存在交互作用，传统学习方式影响学习不同项群大学生创新能力的效果没有显著性差异，自主学习方式影响学习不同项群大学生创新能力的效果不同，不同项群之间具有显著性差异，技能类表现难美性项群要优于隔网对抗性项群和同场对抗性项群[1]。

  贾文伟运用艾森克人格问卷对参与网球、健美操、排球、篮球项目的大学生进行人格特质测试，被试者的 E、N 分值与普通大学常模相比存在显著性差异，表明人格特质与运动项目存在密切的关联，其人格特质都朝着积极性的方向发展。通过对不同运动项群项目间人格特质因子的比较分析表明：人格特质具有明显的项群趋同性，参与个人或双人项目的大学生人格特质优势主要体现在竞赛中的冒险精神和冲动型情感方面，而参与集体协作项目的大学生人格特质优势主要体现在极端或意外情况下的情绪稳定性和保持理智的控制能力方面[2]。

  项群理论最初被创立的目的是解决我国运动训练学领域的问题，国外近些年几乎没有相关的研究。国内研究主要针对的群体是竞技体育的相关从业人员，迁移到学校体育领域的研究并不多见。以上所列举的研究尝试将项群理论整合于普通高校的体育教学过程中，使项群理论能够扮演更重要的角色，并且更有效地指导大学生的运动参与。

---

[1] 吴本连. 体育自主学习促进大学生创新能力的实验研究[J]. 北京体育大学学报，2012，35（4）：99-104.
[2] 贾文伟. 不同运动技能项群项目对塑造大学生健全人格的实证研究[J]. 现代教育管理，2014（4）：124-128.

◇◆ 运动参与和多元智能

3.2 多元智能的相关研究

3.2.1 多元智能理论的研究

多元智能理论的理论研究和实践探索在许多国家及地区蓬勃开展，如加拿大、英国、澳大利亚、日本等。在美国甚至有上百所多元智能学校，这些学校在课程编制、教学设计等方面进行了大量的实践探索并取得了丰硕的成果[1]。该理论在国外已经深入中小学及幼儿教育一线，从理论到实践形成了一定的系统和规模，有了很多成功的宝贵经验。Almeida 等认为多元智能理论可以取代传统的智力理论，为当代教育工作者提供理论支持，进而改变教师对于学生的教学态度，也改变对待不同智力结构学生的教学方式[2]。Abdi 和 Rostami 认为多元智能对小学生的创造能力和思维能力具有重大影响，希望通过以多元智能为参考的教学方法能够激发小学生的创造能力、活跃小学生的思维能力[3]。

国内对多元智能的关注始于 20 世纪末，当时正值素质教育开始在国内推行。《基础教育课程改革纲要（试行）》解读指出：教师应该尊重学生的人格，关注个体差异，满足不同学生的学习需要，创设能引导学生主动参与的教育环境，激发学生学习积极性，培养学生掌握和运用知识的态度及能力，使每个学生都能得到充分的发展。《多元智能》中译本的出版恰好与政府推进素质教育的文件同步，也迎合了此后陆续开展的基础教育课程改革，受到教师、校长、学生家长和教育科研人员的多方关注[4]。从 2000 年起，几百部与多元智能理论有关的中文专著和译著先后出版。根据 2004 年 1 月 1 日《中国教育报》发表的一篇文章统计，加德纳专著《多元智能》的中译本在 2003 年中国大陆教育学术类著作百部畅销书排行榜上名列第一[5]。北京、上海、山东的多所学校开设了多元智能教育实验区，许多学

---

[1] CHEN J Q, SEANA M, HOWARD G. Multiple intelligences around the world[M]. San Francisco: Jossey-Bass Publishers, 2009.

[2] ALMEIDA L S, PRIETO M D, FERREIRA A I, et al. Intelligence assessment: Gardner multiple intelligence theory as an alternative[J]. Learning and individual differences, 2010, 20(3): 225-230.

[3] ABDI A, ROSTAMI M. The effect multiple intelligences-based instruction on students' creative thinking ability at 5th grade in primary school[J]. Procedia - social and behavioral sciences, 2012, 47: 105-108.

[4] 沈致隆. 加德纳·艺术·多元智能[M]. 北京：北京师范大学出版社，2004.

[5] 张威. 教育学术类书籍销售排行榜分析[N]. 中国教育报，2004-01-01（5）.

校进行了有关多元智能的实验,取得了宝贵的经验。

需要指出的是,现有关于多元智能理论的研究大多为理论的分析,而针对基础教育或高等教育的实践性研究还缺乏系统性和深入性,尤其在体育教学方面的应用研究更是缺乏,有的只是泛泛而谈,并未对其进行实验性的探究,教学形式的设计研究处于初级阶段。究其原因在于:其一,应试教育的影响深远,教育改革还有很长的路要走,现有的教学方式和理念还不可能被完全推翻;其二,一线教师教学任务繁重,科研精力有限,即使有志于从事该方面的研究,也缺乏科学的指导。

杨清明和易定国运用多元智能理论分析了学生多种不同智能在体育教学中的组合作用,探讨了在普通高校体育教学中,学生体育能力培养及在这种理论下高校学生体育能力培养的模式和应用。研究认为学生都至少有两项较强的智能进行组合,在这种较强的智能组合中所表现出来的能力是十分惊人的,而教师则应当运用学生的强项智能,并充分发挥学生所有强项智能的主体作用,从而带动学生弱项智能的发展。例如,数学智能、空间智能和内省智能较强的学生,在技巧动作或游戏创编上表现较为突出;在体育教学中技术动作和技巧动作表现非常出色的学生,不但运动智能、空间智能非常强,而且节奏感(音乐智能)非常强[1]。

3.2.2 多元智能量表的研究

近30年来,智力测量凭借其可测可评又直观简洁的优势,曾经是有关智力研究的主流范式,但是随着传统智力量表的可靠性不断地被质疑,人们已经不再迷信于以传统智力理论为依托的测量分数。主要原因就在于传统智力量表侧重以语言和数理逻辑等内容来测量被试者的学业能力[2],而忽略了被试者在其他领域可能获得成功的天赋。多元智能理论对传统的智力定义和测量手段提出了挑战,它既保留了传统智力理论的可测量性,也体现了当代智力理论更加全面的趋势,已被广泛应用于教育的改革与创新中,为我们全面认识和评价学生提供了新的可靠依据[3]。

---

[1] 杨清明,易定国. 多元智能理论下培养普通高校学生体育能力的探讨[J]. 南京体育学院学报(社会科学版),2008,22(5):114-116.

[2] STERNBERG R J. A triarchic approach to the understanding and assessment of intelligence in multicultural populations[J]. Journal of school psychology, 1999, 37(2):145-159.

[3] MCKENZIE W. Intelligence quest: project-based learning and multiple intelligences[M]. Eugene: International Society for Technology in Education, 2012.

◇ 运动参与和多元智能

  多元智能量表的研制不断取得新的成果。Shearer 于 1994 年初创了多元智能自我评价量表，得到国际学术界的很多关注，随后使用大样本（n=23000）进行了反复修订，通过对量表的探索性和验证性因素进行分析发现了九个因素的智力因素和空间智力的两个次级量表，信度系数范围为 0.79~0.89，与初始量表有了很大的差异。Shearer 还对修订后的量表进行了重测性的验证研究，其重测相关系数范围为 0.77~0.92，内在一致性的范围为 0.4~0.8[①]。这些关于多元智能量表有效性的研究，可以证明多元智能量表能够对应试者的智力倾向提供合理的估算[②]。

  在国内研究中，张国祥在针对中葡职业技术学校初中一年级的 111 名学生和高中一年级的 199 名学生的研究基础上，发展了初、高中生多元智能量表，量表的问题直观简洁，也考虑到了中国学生与西方学生的差异[③]。该研究的不足在于：研究样本量较小且局限在一所学校里；研究在因素分析部分并没有使用现代统计学所流行使用的结构方程模型。张建华通过 1250 份来自北京师范大学的学生样本发展了八因素 64 题的多元智能量表，该量表通过两次验证性因素分析得到了比较良好的结构效度拟合指数[④]。该量表的不足在于语言智力的内在一致性信度较低，仍然有改良的空间。

  鉴于东西方不同的社会制度和文化背景，教育理念也存在很大差异，因此，国外现有多元智能量表很难直接适用于国内的大学生和成年人，而国内的多元智能量表研究尚处在萌芽阶段。Shearer 创编的大学生和成人多元智能量表在美国以外（印度尼西亚、马来西亚、智利和西班牙）的验证性研究因为版本不统一、信效度检验数据不够完整，并未获得突破性的进展，并且量表题目的内容和七级的测量方式都过于复杂。

3.3 运动与智力的相关研究

  在传统观念中，运动依靠身体力行，智力仰仗大脑运转，关于两者联系的研

---

① SHEARER C B. The MIDAS: professional manual[M]. Rev. de. Kent: MI Research and Consulting Inc., 2007.
② SHEARER C B, LUZZO D A. Exploring the application of multiple intelligences theory to career counseling[J]. Career development quarterly, 2009, 58(1): 3-13.
③ 张国祥. 多元智能评量——两项开创性的校本实验研究[M]. 北京：教育科学出版社，2007.
④ 张建华. 体育知识论[M]. 北京：北京体育大学出版社，2012.

究在心理学、教育学、生物学、医学等领域均有广泛涉及，大多研究者认同运动与智力之间存在相互促进的关系，但也存在质疑的声音。在不同智力观的影响下，运动和智力之间的关系随着智力理论的更新而不断被重新思考，认知的变化为学术界对于此项研究的探索提供了更多的假设与方向。本书提及的传统智力理论泛指发源于20世纪80年代以前，并且已经被应用于研究运动与智力关系的理论。这些心理学领域的智力理论主要分为两种取向，即50年代以前的心理测量学取向和60年代以后逐渐兴起的认知心理学取向，前者偏重于智力的测量，后者强调元认知成分在智力行为中的重要性，同时结合外部观察、自我省察、反应时测量、计算机模拟等方法，对智力的描述更加形象具体[1]。

3.3.1 心理测量学取向的研究

早期研究使用国际上通行的智力量表对被试者进行测量，进而探讨运动与智力的关系，有很多重要结论，但不尽相同。这些研究基于两个基本假设：其一，人类不同文化群体都以相同方式定义或理解智力；其二，不同文化群体的智力都能被有效测量[2]。传统智力量表中的代表作有韦克斯勒成人智力量表（以下简称韦氏智力量表）[3]、瑞文标准推理测验[4]等。国内学者在20世纪90年代前后普遍应用此类量表对体育院系学生和高水平运动员进行传统的标准化智力测试，通过横向对比为选拔运动员和提高竞技水平服务。

应用韦氏智力量表的研究范例如下。孙平以三组共427名学生为调查对象，研究结果表明：体育院系的足球、篮球、排球专业学生总智商与一般文理科类学生总智商之间并无显著差异，但低于工科学生和一般大学足球、篮球、排球代表队学生总智商；与一般文理科类学生相比，体育院系学生在观察力、时空感、操作过程中的思维能力及视动协调能力等方面较强，而在知识的掌握能力和语言的运用能力等方面较弱[5]。张力为和陶志翔对95名不同水平的中国乒乓球运动员进行测试发现：队员们的智力发展水平总体属中等，言语智商略高于操作智商；不

---

[1] 蒋京川, 叶浩生. 智力是什么？——智力观的回溯与前瞻[J]. 国外社会科学, 2006（2）: 59-63.
[2] SERPELL R. Cross-cultural psychology: research and applications[J]. Journal of cross-cultural psychology, 1997, 28(2): 236-240.
[3] WECHSLER D. Wechsler adult intelligence scale[M]. 4th ed. San Antonio: Pearson, 2008.
[4] RAVEN J C. Standard progressive matrices[M]. London: H.K. Lewis and Co., 1958.
[5] 孙平. 体育院系足、篮、排球专业学生智力结构特点的研究[J]. 体育科学, 1986（4）: 55-58, 65, 95-96.

◇◇ 运动参与和多元智能

同水平运动员智力发展的高低次序为乒乓球专业大学生、中国国家队、中国青年队;训练年限与言语智商有可靠的低度负相关关系[①]。

应用瑞文标准推理测验的研究范例如下。刘淑慧和韩桂凤对北京体育师范学院体育专业学生、北京师范大学理科类学生和中国政法大学法律系文科类学生进行调查发现:体育专业学生与文理科类学生的测验成绩无显著差异,大量体育活动和其他学习活动一样,都在促进智力的发展[②]。毛志雄等以北京体育大学和北京林业大学共547名本科生为测验对象,研究结果表明:体育专业学生的智力发展水平呈现中等偏优趋势;以术科训练学习为主的学生,其一般智力水平明显低于以文化学习为主的学生;体院新生的智力发展水平与运动成绩之间呈现负相关趋势[③]。

此类的国内研究曾经有很多,在近20年来明显减少。张力为对国内的此类研究做过综述,并归纳了这些研究所得到的共通结论:①高水平运动员具备中等或中等以上水平的智商;②体育专业学生的智力发展水平与文理科类学生的智力发展水平无显著差异;③不同的运动专项,取得优异成绩所要求的智力特征也不相同;④在运动技能的学习过程中,不同类型、不同水平、不同阶段的智力因素对技能获得的影响也不同[④]。量表研究的初衷是关注大众群体的智力差异,而国内以往研究过多关注运动员的选拔与培养,忽略了运动中所需要的特殊智力因素,从而形成研究上的悖论。两种量表所依据的旧式理论已经不足以全面地反映当代人的智力状况,在用于研究运动对于当代青少年智力发展的影响方面,必然也存在不足。

在国外研究中,运用传统智力量表研究运动与智力关系的热情似乎也已经消退,即使偶有此类研究,也是综合运用各种量表进行综合智力评定,在比较的方式上从横向对比差异扩展到纵向跟踪变化。Callaghan等做过一项跟踪调查,即在14岁和21岁两个年龄点上测试参与者的智力水平,采用量表为皮博迪智商测验、瑞文标准推理测验、广泛成就测验,并记录测试前半年的运动情况,将2000多个样本分成剧烈运动、少量剧烈运动、散步和非运动性身体活动四个组别。结果发现:只有在少量剧烈运动组中,运动量与IQ(Intelligence Quotient,智商)分数才成正比;在剧烈运动组和散步组中,运动量与IQ分数不相关;在非运动性身体

---

① 张力为,陶志翔. 中国乒乓球运动员智力发展水平的研究[J]. 体育科学,1994(6):73-78.
② 刘淑慧,韩桂凤. 对体育专业学生智力水平的探讨[J]. 首都体育学院学报,1989(1):52-57.
③ 毛志雄,张力为,张智. 不同性质的学习活动与智力发展水平的研究[J]. 四川体育科学,1992(1):23-30.
④ 张力为. 运动智力—困惑中的思考与思考中的困惑[J]. 中国体育科技,1993,29(1):39-45,14,49.

活动组中,运动量与 IQ 分数呈曲线相关,即多量和少量的活动都使 IQ 分数降低。这项研究时间跨度长达七年,始于 21 世纪初,实质上属于传统的测量研究[1]。

3.3.2 认知心理学取向的研究

20 世纪 50 年代中期以后,新兴的认知心理学派空前迅速地发展起来。认知心理学运用信息加工观点研究认知活动或认知过程,以及儿童的认知发展和人工技能。它的兴起源于人类面临的新技术特别是信息技术的迅速发展,以及社会的生产和生活对智力开发的迫切要求。因此可以进一步地说,认知心理学是阐述智力的本质和过程的,是关于智力的理论[2],现有的国内外关于智力和运动的相关研究大多围绕这一领域展开。

在国外研究中,Newson 和 Kemps 尝试对比四个年龄组的成人在进行一周的运动或休闲后执行一项视觉表象任务的成绩,发现在 18~30 岁和 65 岁以上两个年龄段,两个高运动量成人组在简单反应时、注意力、工作记忆和加工速度上均优于两个低运动量成人组,在执行功能和记忆等动态认知力上没有显著差别[3]。Boucard 等调查了 123 个被试者的运动情况,将其分成运动组和静态组,测量他们的执行功能(转移、抑制和刷新),发现运动仅对 71~81 岁老年人的抑制作用有显著效果[4]。Tomporowski 等回顾了有关儿童运动和智力的研究得出结论,运动对于青少年儿童认知能力的提高有非常明显的效果[5]。

在国内研究中,殷恒婵等选取了 326 名小学生作为研究对象,在课外体育活动中实施"武术+跳绳+8 字跑"和"花样跑步"两种持续 20 周的运动干预方案,在三个时间点上使用 Flanker、2-back、More-odd Shifting 三种任务全面评价小学生执行功能。结果发现:两种方案均对小学生执行功能具有促进作用,并且效果随干预时间增加而增强;两种方案在改善小学生执行功能子功能效果上各有所长[6]。

---

[1] CALLAGHAN F O, CALLAGHAN M O, WILLIAMS G, et al. Physical activity and intelligence: a causal exploration[J]. Journal of physical activity and health, 2012, 9(2): 218-224.
[2] SIMON H A. The sciences of the artificial[M]. Cambridge: The MIT Press, 1981.
[3] NEWSON R S, KEMPS E B. Relationship between fitness and cognitive performance in younger and older adults[J]. Psychology & health, 2008, 23(3): 369-386.
[4] BOUCARD G K, ALBINET C T, BUGAISKA A, et al. Impact of physical activity on executive functions in aging: a selective effect on inhibition among old adults[J]. Journal of sport & exercise psychology, 2012, 34(6): 808-827.
[5] TOMPOROWSKI P D, DAVIS C L, MILLER P H, et al. Exercise and children's intelligence, cognition, and academic achievement[J]. Educational psychology review, 2008, 20(2): 111-131.
[6] 殷恒婵,陈爱国,马铮,等. 两种运动干预方案对小学生执行功能影响的追踪研究[J]. 体育科学,2014,34(3): 24-28,75.

◇ 运动参与和多元智能

陈爱国等从脑和智两条线进行科学的数据梳理，提供多学科、多层面、较为完整的证据链，阐明体育运动通过影响运动负荷、动作技能、情境互动和心理状态提升儿童青少年脑智的主要路径，构建了体育运动提升儿童青少年脑智的多路径模型[①]。

通过国内外的研究，我们可以发现，运动对于青少年儿童认知能力的提高有非常明显的效果，对于减缓老年人认知能力的下降也有一定的作用[②]。但这里有一个隐藏的关键问题是，儿童和老年人分别处于认知能力的迅速发展和迅速衰退的特殊时期，在这两个时期中运动所起到的作用存在被客观放大的可能性，而有关30～50岁年龄段成人的研究并不多见。

认知神经科学主导的第二代认知科学抛弃了"认知即计算"的认知主义纲领，回归到"脑-身体-环境"相互作用的统一体，这种新的研究范式得到了国内外学术界的积极倡导。认知科学发展的趋势和智力理论本身存在的问题都对智力研究提出了新的要求，即需要从多角度、多层次对智力进行研究和理解[③]。当前科学心理学正转向认知神经科学研究，关键原因在于功能性核磁共振技术、事件相关电位技术、脑磁图技术、单细胞记录技术和脑损伤技术等在心理学研究中的应用[④]。部分认知学派有关运动与智力的研究也在尝试新的研究方法。

认知学派看待智力的视野跳出了学业的范围，能够从更宽泛且更直接的角度去实验和评测智力，运动所能够发展的智力因素被更广泛地认可和发掘，这样使得多数研究在运动能够改善认知能力这一点上达成了相对统一的共识。认知心理学的实质在于它主张研究认知活动本身的结构和过程，并且把这些过程看作信息加工过程[⑤]。认知心理学取向的研究在当代学术界的流行，使得研究的关注点几乎遍布了我们全部的生活内容，一个青年学生日常生活中的多种行为因素（如阅读[⑥]、玩电子游戏[⑦]、学习音乐[①]）都已被现有研究证明能够提高认知能力。如何区分运

---

① 陈爱国，熊轩，朱丽娜，等. 体育运动与儿童青少年脑智提升：证据与理论[J]. 体育科学，2021，41（11）：43-51.
② STESSMAN J, HAMMERMAN R R, COHEN A, et al. Physical activity, function, and longevity among the very old[J]. Archives of internal medicine, 2009, 169(16): 1476-1483.
③ 林崇德，罗良. 认知神经科学关于智力研究的新进展[J]. 北京师范大学学报（社会科学版），2008（1）：42-49.
④ 莫雷，王瑞明，陈彩琦，等. 心理学研究方法的系统分析与体系重构[J]. 心理科学，2006，29（5）：1026-1030.
⑤ 王甦，汪安圣. 认知心理学（重排本）[M]. 北京：北京大学出版社，2006.
⑥ MICIAK J, STUEBING K K, VAUGHN S, et al. Cognitive attributes of adequate and inadequate responders to reading intervention in middle school[J]. School psychology review, 2014, 43(4): 407-427.
⑦ 李晴，陈安涛. 视频游戏对认知能力的影响及其神经基础[J]. 心理科学，2018，41（6）：1318-1324.

动和其他认知行为的差异,如何认定运动对于认知能力的特殊效果,以及如何验证众多研究中提到的"剂量效应",是目前研究的难点所在,而至今确没有研究能够提供强有力的证据来回答这些问题。

3.3.3 运动与多元智能

古希腊时代的学者强调,身心和谐、训练心智能使人恰当地使用身体、训练身体以发挥心智的表现力量,而如今的人们正在面临一种身心分离的可怕现象。多元智能理论认为人的运动智能是多元智能中很重要的组成部分,包括联系身体和心灵使身体得以完美展现的能力,它可以采用高度分化和技巧化的方式,调动我们身体的活动。运动智能来源于我们体验生活时所获得的感官经验,是人类认知的基础,而获得完美的运动智能需要有敏锐的时间空间感知,并把意向转换为行动。这是智力理论中第一次将运动能力视为智力的一种,使学术界开始重新思考对运动的认识,重新审视运动能力的构成及运动行为的机制。至此,运动与智力的关系不仅是运动智能作为智力的一个维度与智力的子母关系,还涉及运动智能与其他智能因素的或有或无的联系[②]。

在多元智能理论以外,学者们也提出过运动智力的概念。2000 年以后,运动科学的研究者们发现,一般智力理论不能够解决不同运动中所需要的智力因素的问题,运动中许多非常重要的带有智力因素的能力在传统的智力理论中几乎找不到落脚点。最早提出运动智力概念的 Fisher 认为运动员的运动智力应体现的要求有:命名与查找情境特征,搜索与探测任务线索,确认线索模式,短时记忆回忆,长时记忆回忆和决策[③]。王洪彪和周成林从探讨运动智力的概念、结构、功能入手,试图厘清运动员运动与智力的关联和区别,梳理现阶段国内外对运动智力的研究进展[④]。这一概念的提出对运动科学领域具有重要的意义,它为体育学领域研究的一些问题提供了根据,但是这个概念本身就是伴着争议而来的。正如智力的概念众说纷纭一样,运动智力的概念更是在众多不同的研究中显得扑朔迷离。如果缺少上游智力理论的支撑,就无法判断它的存在究竟是以运动的情境为依托,还是作为一个智力的分支而立足。多元智能理论的出现,将运动智力纳入多元智能的

---

① 陈杰,陈洁佳,伍可,等. 音乐训练对大学生执行功能的影响[J]. 心理科学,2020,43(3):629-636.
② GARDNER H. Frames of mind: The theory of multiple intelligences. [M]. New York: Basic Books, 1983.
③ FISHER A C. Sport intelligence[M]. New York: Sport Science Associates, 1984.
④ 王洪彪,周成林. 运动智力研究述评[J]. 天津体育学院学报,2012,27(2):148-153.

系统中,弥补了这一概念的理论缺憾。多元智能理论中的运动智能不仅涵盖原来运动智力所包含的内容,还包括通过舞蹈、肢体表演、动作等身体活动传递信息的能力。

Ermis 和 Imamoglu 以奥都古兹·玛伊斯大学和奥都古兹·玛伊斯职业警察学校的 1580 名学生为样本研究运动对多元智能的影响。研究者记录了学生一年之内的运动情况,通过多元智能量表测试学生的智能发展情况。研究结果表明:参加运动的学生在语言、交际和运动智能维度上的得分显著高于不参加运动的学生;参加团队运动的学生在语言和交际智能两个维度上的得分更高;而参加非团队运动的学生在数学、空间、内省和自然智能维度上的得分更高[1]。研究者没有提供多元智能量表的信效度情况。

多元智能理论通过近 30 年的不断发展,理论不断成熟,多元智能评定量表的研究在许多国家展开。该理论既保留了传统智力理论的可测量性,也体现了当代智力理论多元化的趋势,依据多元智能理论探究运动对于不同因素智能发展的贡献,会使研究更具有针对性。就目前的研究成果来看,运动对于交际智能的正面影响是被普遍认同的,这也成为运动有利于人的社会化发展的有力佐证。运动对于其他智能因素的影响还需要进一步的研究,而如何设计能够被学术界和大众认可的多元智能评价量表是其中的关键。当前,多元智能量表的研究还处在反复的验证分析阶段,虽然各国有对多元智能评价量表的研究,但始终未形成一个通用的评价体系。

3.3.4 其他学科范式的研究

医学领域有越来越多的研究证明了大脑的功能和结构受早期社会生活经验的影响[2],也有一些来源于生理解剖和神经影像的关于人类的研究结果[3],不断为运动促进智力的发展提供新的证据。

生物学领域有关神经发生的研究同样在关注智力和运动之间的关系。例如,运动可以促进大脑海马区内神经发生,而海马体正是大脑中支撑学习和记忆的关

---

[1] ERMIS E, IMAMOGLU O. The effect of doing sports on the multiple intelligences of university students[J]. International journal of academic research, 2013, 5(5): 174-179.

[2] KOLB B, GIBB R. Brain plasticity and behaviour in the developing brain[J]. Journal of the Canadian Academy of Child & Adolescent Psychiatry, 2011, 20(4): 265-276.

[3] STRANAHAN A M, MATTSON M P. Impact of energy intake and expenditure on neuronal plasticity[J]. Neuromolecular medicine, 2008, 10(4): 209-218.

键结构[1]；跑步和游泳能够促进大鼠海马齿状回内的神经细胞增殖，但是过多的运动反而会因产生压力而减少增殖[2]。Prickaerts等列举了几个影响新细胞增殖和生存的因素，包括运动、学习和压力，这些因素也可能相互影响[3]。

自然科学在当代的飞速发展，以及人类对自身尤其是大脑结构的强烈好奇心，将为医学、生物学等领域对人类智力的研究提供巨大的动力。

3.4 研究展望

现有研究成果普遍提出了三种假设：①运动能够提高智力；②智力水平高的人更愿意参加运动；③二者的关联可能会受个体差异、家庭环境或其他相关的社会因素的影响。以"剂量效应"的形式呈现的第一种关系是目前大多数学者企图证明的研究假设。

在未来很长一段时间里，心理学领域有关运动与智力的研究和争议将会持续存在。以往有关运动参与的研究未能系统地对运动参与行为进行分类，对运动参与效果的研究过于笼统；以往有关运动参与的研究多为综述性研究，偶有定量的实证性研究也局限于一所或几所学校之内，缺乏大样本的定量研究；以往国内运动与智力关系的研究偏好使用传统的智力量表，这些智力量表已经不能满足当今学术界的要求，关于多元智能量表的研究尚在研发阶段。本书通过以上综述预测未来此项研究的发展方向如下。

3.4.1 智力理论发展的多元性可能为此项研究提供新的范式

人类智力理论发展的根本动力在于社会的多元化发展使人的社会化过程变得越来越复杂，对人的智力的要求也在不断翻新。运动是人类最古老的智力行为，运动的形式也在社会的发展中不断地演变以体现当代人的智力水平和特点。各种

---

[1] DING Q, YING A, GÓMEZ-PINILLA F. Exercise influences hippocampal plasticity by modulating brain-derived neurotrophic factor processing[J]. Neuroscience, 2011, 192(1): 773-780.
[2] NOBLE E E, MAVANJI V, LITTLE M R. Exercise reduces diet-induced cognitive decline and increases hippocampal brain-derived neurotrophic factor in CA3 neurons[J]. Neurobiology of learning and memory, 2014, 114(10): 40-50.
[3] PRICKAERTS J, KOOPMANS G, BLOKLAND A, et at. Learning and adult neurogenesis: survival with or without proliferation?[J]. Neurobiology of learning and memory, 2004, 81(1): 1-11.

范式和取向的研究无一例外地源起于在一个新的时代里人类对自我认知的反思。心理学各学派之间的争议和范式危机会不断将与智力相关的研究引入一个又一个新的切入点。现有的任何一种智力理论都不能在智力研究领域树立绝对的权威，因此，有关智力的研究都是基于某一种理论下的范式，其研究结论的全面性也都局限于本身根植的理论框架中，更多的是代表某种智力因素的特征和某种理论所探寻的智力倾向。

3.4.2　以测量学为取向的研究与新兴智力理论结合

新兴智力理论的应用性研究才刚刚起步，如何运用新兴理论解决当下的问题，是目前的研究热点。以新兴智力理论为依托，借鉴传统智力理论可测可评的优势，观察运动与智力的关系是可行且具有研究潜力的方法。在多元智能理论和情绪智力理论下有关运动与智力理论的研究，皆是旧有范式与新兴理论的结合。斯滕伯格的三元智力理论发展为更加简洁的成功智力理论以后，其可操作性和可测量性大大提高[①]，未来有望应用到运动与智力关系的研究中。此外，此前的研究多为横向对比不同运动等级或不同运动项目的人群在智力水平上的差异，其结果多呈显著性，辅以纵向跟踪或许能得到更多有价值的成果，目前类似的研究并不多见。

---

① 王本法，刘翠莲. 从"三元智力"到"成功智力"——斯腾伯格对传统智力理论的两次超越[J]. 南京师大学报（社会科学版），2008（4）：108-112，128.

第 2 部分

运动参与和大学生多元智能关系的研究

本研究以加德纳的多元智能理论为依据，通过创编有良好信度和效度的多元智能测量工具，尝试探讨大学生运动参与和多元智能发展倾向之间的关系，揭示运动参与对大学生多元智能发展的贡献，为促进学生德、智、体、美全面发展，进一步推动我国学校体育课程的改革，提供理论依据。

通过文献检索分析和对专家与学生的访谈拟定题目，形成测试量表。本研究选取北京师范大学和北京市八所高校的大学生作为研究对象，经过初测试（n=1091）和验证测试（n=1250）两轮大样本的问卷发放及收集，采用内容效度、验证性因素分析对量表的效度进行评价，应用 Cronbach's Alpha 系数（克隆巴赫系数）考查量表的信度。

本研究以北京市 15 所高校共 2405 名大学生为研究对象，调查他们的运动参与情况，使用经过信效度检验的大学生多元智能量表全面评价大学生的多元智能发展水平。选择 SPSS 18.0 对数据进行研究分析，参照体育学相关理论对不同程度、不同项目的运动参与情况进行区别和划分，采用单因素方差分析、多因素方差分析等方法考查运动参与和多元智能之间的关系。

1 研究设计

1.1 研究思路

本研究拟探讨运动参与和大学生多元智能的关系,涉及三个主要问题:①运动参与和多元智能是否存在相关性;②不同程度运动参与对多元智能的影响如何;③不同项目运动参与对多元智能的影响如何。

通过大样本的反复测试,创编具有良好信效度的大学生多元智能自我评定量表,为今后多元智能领域的研究提供理论基础和实践方法。多元智能量表的研究流程是:前期的理论准备—专家访谈、学生访谈—第一次大样本收集—信效度检验和量表的修正—第二次大样本收集—信效度检验。

结合学生的运动参与情况,探讨运动参与和大学生多元智能的关系,以期为运动和智力的关系研究提供新的依据,进而对运动参与的科学性加以指导,为大学生今后的多元智能发展出谋划策。不同程度、不同项目的运动参与所发展的智力因素可能存在不同,需要通过对运动参与的情况和多元智能水平的评量进行数据分析,用以探寻二者的相关性,并分析其中隐含的问题。

本研究选择北京市多所高校的大学生作为样本,进行上述问题的研究,研究路线图如图 2-1-1 所示。

第2部分　运动参与和大学生多元智能关系的研究

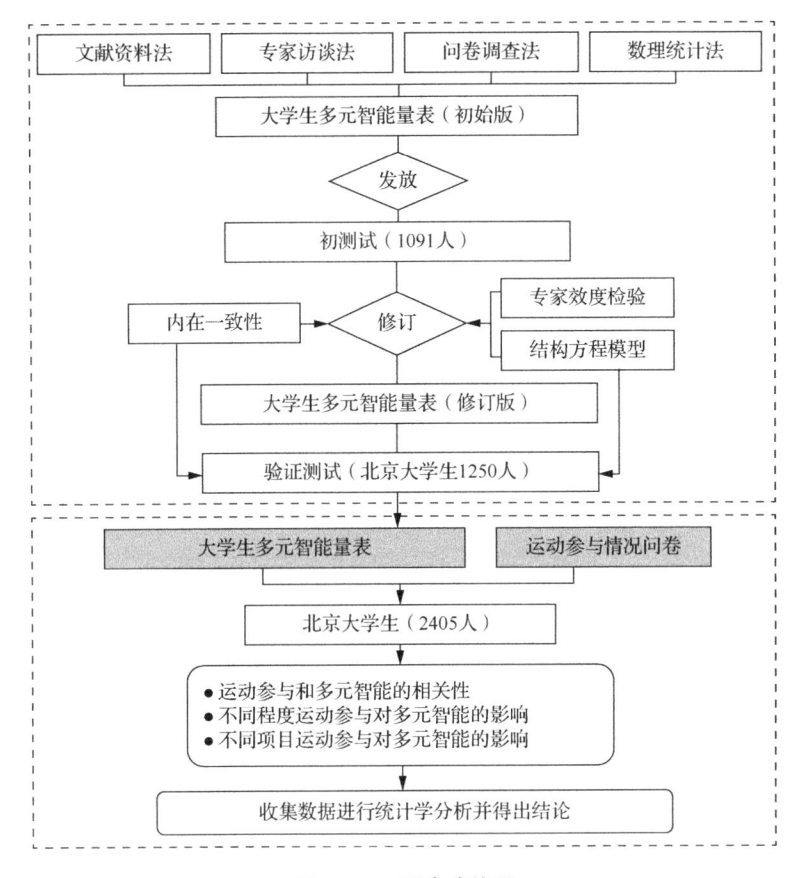

图 2-1-1　研究路线图

1.2　研究方法

1.2.1　文献资料法

研究者搜集和整理有关多元智能的文献及资料为本研究准备理论基础，阅读有关多元智能的书籍、查阅互联网相关资料和前人的相关研究，为量表的编制提供参考。根据多元智能理论的定义、内涵和行为表现，设计八个维度的多元智能量表，每种智能因素设计 2~5 个一级指标和 13~14 个二级指标。主要参考内容包括多元智能理论、Shearer 开发的多元智能量表、张国祥开发的中学生多元智能

27

量表、美国肯塔基州教育局编制的多元智能自我调查问卷和美国沃尔特·麦肯齐（Walter McKenzie）创办的 Surfaquarium 咨询公司所编制的多元智能问卷。

1.2.2 专家访谈法

本研究在量表的编制过程中邀请相关领域的 15 位专家进行访谈，专家的学科领域覆盖心理学、体育学、艺术学、文学、教育学等，对多元智能量表的指标体系是否存在遗落或重复、表述是否清楚、题目适切性三个方面进行评定，并提出修改意见。

在初始量表形成以后，课题组再次邀请了心理学、体育学、艺术学、文学等领域的 23 位专家参与多元智能量表的第二轮专家评定，根据专家对量表题目的打分计算量表的内容效度。

1.2.3 问卷调查法

本研究经过两轮的问卷发放和回收，两次问卷的内容略有不同。

第一轮发放的问卷为大学生多元智能量表（初始版），所得样本用于多元智能量表信效度的初步验证，研究对象选自北京师范大学本科在校生，以一、二年级非体育专业学生为主体，计划发放问卷 1300 份，实际回收有效样本 1091 份。通过体育与运动学院"三自"教学计划选择调查班级，根据上课时间与任课教师取得联系，采取当堂发放问卷并当堂回收的方式。问卷多为课前填写，由课题组成员说明问卷填写要求，并在填写过程中全程监督以确保问卷真实有效。体育与运动学院担任公共体育课的 15 位教师协助了本次问卷的发放工作。

第二轮发放的问卷包括两个部分，即大学生多元智能量表（修订版）和大学生运动参与情况的调查，所得样本用于多元智能量表信效度的再次验证，以及运动参与和多元智能关系的研究。研究对象选自北京市 15 所高校（北京大学、北京航空航天大学、北京建筑大学、北京科技大学、北京联合大学、北京林业大学、北京师范大学、北京外国语大学、北京印刷学院、北京中医药大学、国际关系学院、清华大学、中国人民大学、首都经济贸易大学、中央民族大学）学生，仍以一、二年级非体育专业学生为主体。计划发放调查问卷 2700 份，实际回收有效样本 2405 份。

问卷填写的研究程度直接影响本研究的质量甚至成败，因此，需要在问卷的发放中端正学生的填写态度，以确保问卷的真实可信。在北京师范大学的问卷发放过程中，由主试者严格把握和控制测试环境的一致性，通过体育与运动学院"三自"教学计划选择调查班级，根据上课时间与任课教师取得联系，当堂发放问卷并当堂回收。问卷多为课前填写，间或在课中和课后填写，并在填写过程中全程监督以确保问卷真实有效。在其他高校的问卷发放工作，由于北京师范大学毕业后就职于其他 14 所高校从事体育教学的教师按计划完成，同样由各位教师在其所在教学班级当堂或课后发放问卷并回收。在问卷发放前统一开会说明，强调问卷发放的原则，说明问卷采取不计名形式，请学生放心填写，并恳请各位教师督促学生认真完成。

1.2.4　数理统计法

对问卷所得的数据进行研究分析，用 LISREL 建立结构方程模型做验证性因素分析，使用 SPSS 对问卷进行同质性信度和内容效度的检验。确定量表以后，仍然运用 SPSS 统计软件中的方差分析等方法分析运动参与和多元智能之间的关系，运用这些数据进行相关问题的探讨。

2 大学生多元智能量表的研制与检验

多元智能理论作为一种在全球备受关注的智力理论，它的基本理念非常符合当代中国正在推行的素质教育。多元智能理论可能在某些智力因素的研究上缺乏生物学、医学的根据，但是从一个人需要在当代社会生活中获得解决问题能力的角度来讲，多元智能理论达到了前所未有的全面。智力评测的出发点是使人们能够清楚地认识自己，关注自身的全面发展，并为自己未来的学习和就业方向提供适时的参照，这也是本研究编制多元智能量表的主要目的。

2.1 大学生多元智能量表编制前的预备研究

2.1.1 量表的理论依据

根据多元智能理论对各智能因素的界定，查询现有的多元智能量表，对多元智能八个维度下相关的品质进行了整理，构建了用来描述八种智能因素的一级指标。在一级指标的基础上，研究者对生活中与多元智能各因素可能相关的行为表现进行了整理，编写相应的可测量题目，即二级指标体系。每种智能纬度涵盖2～5个一级指标和13～14个二级指标。列举一级指标的目的并不是进一步拆解智能因素，而是全面客观地描述一种智能，使题目内容更加准确地反映每种智能因素所掌控的行为，每种智能因素在理论上是一个独立的整体。在量表后期的修改中，如果需要删减题目，则不能单纯地以统计数据作为参照，要保证第一指标的完整性，从而确保整个智能因素的完整。

本次量表的编制题量和样本量较大，客观上要求题目尽可能直观简洁，避免题目过于复杂造成思考时间过长。选题以生活中常见的智能行为或特征作为参考，以保证回收大样本的质量。同时，本研究试图验证与以往编制多元智能量表不同的思路，尽可能以生活中常见的智能行为或特征作为参考。从研究的结果来看，这种尝试是可行的。

虽然多元智能理论认为各智能因素之间相互独立，但在生活中，人们通常需要调动自己的多种智能因素以完成智能行为[1]。这就给测量智能因素的独立性带来了很多困难和麻烦，研究中所编制的各因素题目都要避免智能因素的重叠，从而尽可能地保证智能因素的纯粹性，也为后期研究多元智能各因素间的相关性做准备。同时，要时时估计大量被试者在某一单因素智能行为中的差异，如果预计到某一智能行为在不同的人身上并不具备明显的差异性，那么它仍然是不可测的。

以此为据，研究者编制了多元智能量表的三级指标结构，生成专家意见表（详见附录1）。

2.1.2 专家和学生的访谈

课题组首先综合各位专家的意见，对多元智能量表的指标体系进行修整和完善，初步形成调查问卷。随后，课题组继续在北京师范大学邀请各相关学科院系（文学院、数学科学学院、体育与运动学院、艺术与传媒学院、哲学与社会学学院、经济与工商管理学院、生命科学学院）的研究生共11人，并在北京市各高校随机选取39名本科学生，针对初步形成的问卷进行试答和座谈，请他们对存在疑问的题目提出修订意见。修订过程遵循的原则为：从语义上考查各题目是否符合相对应的调研内容；各题目的文字表述是否有歧义，语言是否精练，表述是否恰当。本轮修订完成后，形成初测试调查问卷。

调查问卷采取五等级李克特量表方式制定量表，五等级分别是完全不符合、较不符合、一般符合、比较符合、完全符合。题目采取蛇形排列方式，即每个维度各取一道题目依次排列，八道题后按同样的顺序再排列一组，这样既可防止被试者的惯性思维，也便于在后来的研究中归类查找[2]。

为了后期筛选有效问卷，研究者在两个维度上设计了两道与原有题目对应的反向题，用于测谎。经上述修订后，确定了初测试调查问卷。

---

[1] ARMSTRONG T. Multiple intelligences in the classroom[M]. 3rd ed. Alexandria: Association for Supervision and Curriculum Development, 2009.
[2] LAZEAR D G. Multiple intelligence approaches to assessment: Solving the assessment conundrum[M]. Tucson: Zephyr Press, 1994.

2.2 大学生多元智能量表初测试及结果分析

2.2.1 初测试调查对象

初测试调查对象为北京师范大学本科在校生，以一、二年级学生为主体。问卷发放在 45 个教学班进行，参加测试的学生为 1226 人，回收有效样本 1091 份，样本有效率为 89.0%。具体分布为：男生 449 人（41.2%），女生 642 人（58.8%）；一年级 334 人（30.6%），二年级 359 人（32.9%），三、四年级 398 人（36.5%）；专业涵盖文科类（343 人，31.4%）、理工科类（462 人，42.3%）、商科类（138 人，12.6%）、艺术类和体育类（148 人，13.6%）。

2.2.2 初测试量表信效度分析

1. 初测试量表内容效度

内容效度是指一个量表实际测到的内容与所要测量的内容之间的吻合程度，其定量评价中应用最广泛的指标是内容效度指数（Content Validity Index，CVI）。内容效度指数分为条目水平的内容效度指数（Item-Level CVI，I-CVI）和量表水平的内容效度指数（Scale-Level CVI，S-CVI）。按算法不同，量表水平的内容效度指数又分为全体一致量表水平的内容效度指数（S-CVI/UA）和平均量表水平的内容效度指数（S-CVI/Ave）。条目水平的内容效度指数不低于 0.78，全体一致量表水平的内容效度指数和平均量表水平的内容效度指数分别不低于 0.8 和 0.9，提示内容效度较好。

课题组再次邀请了心理学、运动心理学、体育学、艺术学、教育学等领域的 23 位专家参与多元智能量表的第二轮专家评定。评定内容为评判量表的题目与多元智能概念的相关性，采用 4 分制评定法：4 分为"强相关"，3 分为"较强相关"，2 分为"弱相关"，1 分为"不相关"，用以计算量表的内容效度。给出评分为"3"或"4"的专家人数除以参评的专家总数即为相应题目的内容效度指数。本研究中专家评定量表的条目水平的内容效度指数范围为 0.792～1.000，全体一致量表水平的内容效度指数为 0.917，平均量表水平的内容效度指数为 0.946，皆符合统计学要求，说明问卷的各题目和总问卷的内容效度较好。

2. 初测试量表结构效度

在量表结构效度的探讨中，常常用到两种因素分析，即探索性因素分析（Exploratory Factor Analysis，EFA）和验证性因素分析（Confirmatory Factor Analysis，CFA）。通常来说，当观察变量与潜变量的关系未知或不确定时，一般采用探索性因素分析，此时研究者的兴趣在于决定观察变量的因素数目；当基于先验理论或先前研究设定了因素的数目及其关系后，一般采用验证性因素分析，其目的在于检验观察变量与其内在潜变量之间的关系是否存在[1]。从研究的方向看，前者受数据驱动，后者是理论导向[2]。本研究的量表编制的基础为多元智能理论的概念和内容，理论依据充分，因此采用验证性因素分析更符合要求。

每种智能因素在理论上应该是一个独立的整体，因此使用智能因素和题目（即二级指标）构建结构方程模型。在删除两个反向题之后，为了满足结构方程模型题目题号的连续性，使研究方便而准确，用测试量表中的最后两个题目来弥补前面的空缺。将测试量表中的第 111 题（苦闷中，我总能找到很好的排遣方式）编为结构方程模型中的 Q107，将测试量表中的第 112 题（烹饪中，我擅于对蔬菜进行搭配）编为结构方程模型中的 Q52。

本研究采用 LISREL 8.80 建构一阶八因素多元智能结构方程模型（图 2-2-1）对量表进行验证性因素分析。结构方程模型的拟合指数选取卡方自由度（The Ratio of Chi-Square to Degrees of Freedom，χ^2/df）、不规范拟合指数（Non-Normed Fit Index，NNFI）、比较拟合指数（Comparative Fit Index，CFI）、增量拟合指数（Incremental Fit Index，IFI）和近似误差均方根（Root Mean Square Error of Approximation，RMSEA）。其中的 RMSEA 在 0.05 以下表示模型拟合得很好，在 0.08 以下表示模型可以接受；NNFI、CFI 和 IFI 三个指数要求达到 0.9，超过 0.9 为最优；χ^2/df 在 2~5 之间是可以接受的，但因为其易受到样本量的影响，所以对于评价单个模型的意义不大[3]。

---

[1] BYRNE B M. Structural equation modeling with EQS and EQS / Windows: basic concepts, applications, and programming[M]. London: Sage Publications Inc, 1994.
[2] 赵必华，顾海根. 心理量表编制中的若干问题及题解[J]. 心理科学，2010，33（6）：1467-1469.
[3] 侯杰泰，温忠麟，成子娟. 结构方程模型及其应用[M]. 北京：教育科学出版社，2004.

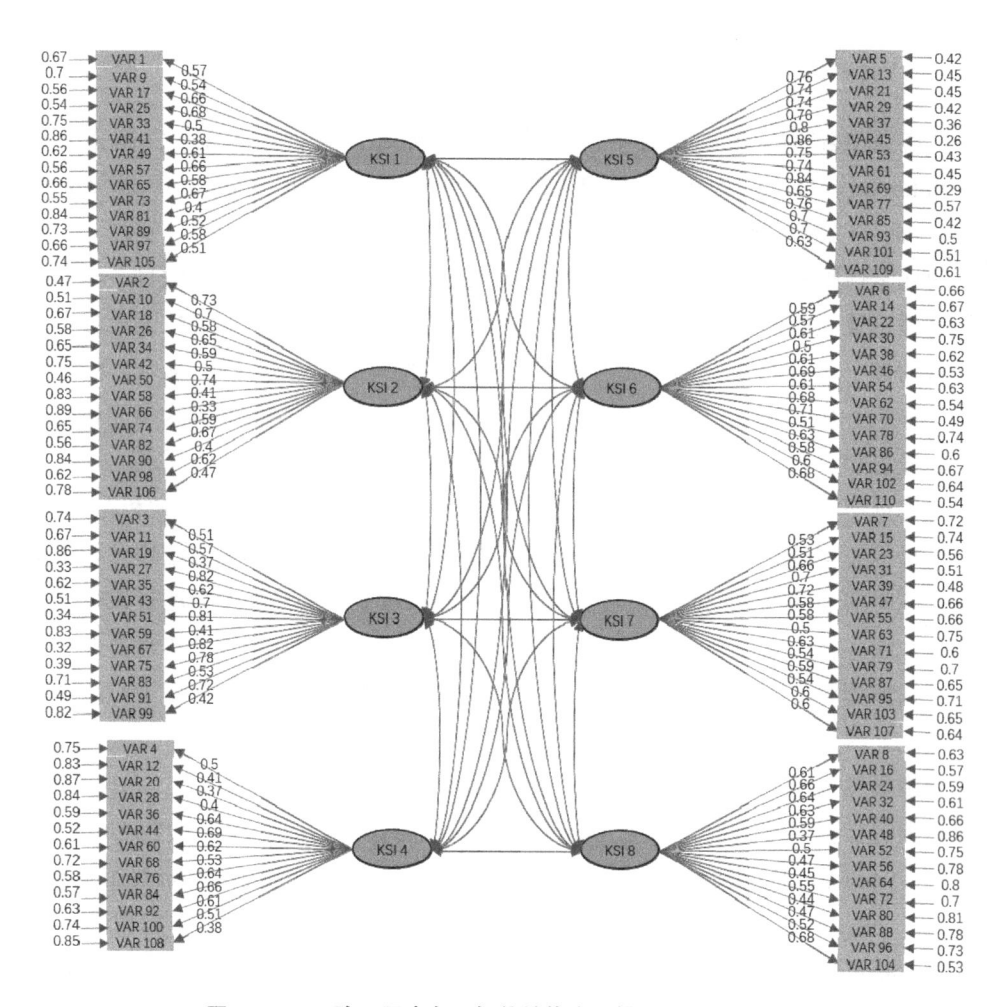

图 2-2-1　一阶八因素多元智能结构方程模型（110 题目）

初始模型拟合指数比较理想，但仍然有优化的空间，如表 2-2-1 所示。在优化过程中，以载荷量和修正指数为参考，删除题目的同时要保证不影响多元智能理论体系结构，务必保证一级指标和智能因素的完整。当两道题目修正指数较大，有必要删除其中一道时，修正的依据依次是：①载荷量较大的优先保留；②更纯粹反应单一智能因素的优先保留；③题目更直观简洁的优先保留；④行为表现更有差异性的优先保留。

表 2-2-1　多元智能八因素结构模型的拟合指数（*n*=1091，Items=110）

拟合指数	数值
χ^2	37117.53
df	5857
χ^2/df	6.34
NNFI	0.91
CFI	0.91
IFI	0.91
RMSEA	0.070

经过 17 轮的调整和优化，删除掉的题目如表 2-2-2 所示。多元智能八因素结构的 χ^2/df、NNFI、CFI、IFI、RMSEA 等各项拟合指数稳定，如表 2-2-3 所示。各题目的载荷量均大于 0.4，剩余题目共 86 个。

表 2-2-2　多元智能八因素结构模型删除题目及理由

轮次	删除题目	删除理由
1	运动智能因素下的 Q19 我热衷于健美操和舞蹈（身体感知能力）；空间智能因素下的 Q20 我有很好的方向感（空间辨认），Q108 我擅于用图、表等代替语言文字描述数据（空间运用）；语言智能因素下的 Q41 理解其他地区的方言对我来说很容易（语言理解能力）；自然智能因素下的 Q48 地理是我喜欢的一门学科（自然识别）；数学智能因素下的 Q66 我对生活的安排是井井有条的（逻辑组织能力）	在指定因素上的载荷量小于 0.4
2	空间智能因素下的 Q28 我能够很好地运用地图寻找目的地（空间辨认）	在指定因素上的载荷量小于 0.4，并且与数学智能因素的修正指数较大
3	空间智能因素下的 Q12 我对自己曾经去过的地方记忆犹新（空间辨认）	在指定因素上的载荷量小于 0.4
4	音乐智能因素下的 Q13 我在随着音乐跳操或跳舞时能准确地找到节拍（节奏感知）	与 Q5 我能准确地随着音乐打拍子（节奏感知）的修正指数较大；与运动智能因素略有交叉

◇ 运动参与和多元智能

续表

轮次	删除题目	删除理由
5	数学智能因素下的 Q98 我对科学试验很着迷（分析能力）	与 Q73 我对科学新发现的原理感兴趣（分析能力）的修正指数较大；Q73 测量初衷是了解被试者刨根问底的倾向，Q98 关注的是被试者的参与程度，略有重复测量之嫌；参与科学试验的机会对于大学生来说并不是很多，科学原理知识更易获得
6	数学智能因素下的 Q90 我总是想要弄清为什么（分析能力）	在指定因素上的载荷量小于 0.4
7	数学智能因素下的 Q58 我经常能找到更简洁的办法来解决问题（逻辑组织能力）	与语言、空间、音乐、内省四种智能因素的修正指数有不同程度的偏大，说明此题目在测试中没能很好地体现研究者的测量意图
8	交际智能因素下的 Q6 我擅于观察同学和朋友之间的微妙关系（人际觉察能力）	与 Q22 我擅于察言观色（人际觉察能力）及 Q38 我能听出别人的言外之意（人际觉察能力）三个题目两两之间的修正指数有不同程度的偏大，有重复测量之嫌；Q22 和 Q38 在测量中更加符合量表题目简洁直接的原则性要求，予以保留
9	语言智能因素下的 Q105 我能够清楚地表达自己的感情（语言表达能力）	与内省智能因素、音乐智能因素的修正指数有不同程度的偏大。此题目在表述中确实存在问题，容易将被试者的注意力带到感情因素中，而忽略了表达的环节，与音乐智能因素修正指数偏大也说明感性的因素被放大了
10	语言智能因素下的 Q81 我擅长说绕口令（语言表达能力）	在指定因素上的载荷量小于 0.4；在前几次的验证中的载荷量都达到或微大于 0.4。也许是因为绕口令更多的是一种语言游戏，学生不会经常接触，语言表达能力较强的人限于地域和生理上的差别，也未见得就擅长说绕口令
11	空间智能因素下的 Q68 我能够很轻松地构想出一个事物或场景（空间运用）	与音乐智能因素、内省智能因素的修正指数有不同程度的偏大。此题目本意是测试被试者是否能够通过意念完成对空间的构想，在测试中可能会被误认为测试偏重感性的想象力，研究者意图未能很好地体现

续表

轮次	删除题目	删除理由
12	自然智能因素下的 Q64 我喜欢欣赏自然景象（自然互动）	与同因素下的 Q96 我喜欢以大自然为主题的电影、音乐、摄影、美术或文学作品（自然互动）的修正指数较大；两道题目有重复测量之嫌，但 Q96 要比 Q64 的互动感更强烈，Q64 的测试内容相对普遍，区分性不强，而 Q96 对于自然的关注更深入具体
13	音乐智能因素下的 Q93 我能从音乐中寻找生活的力量（音乐灵性）	与同因素下的 Q85 我能从音乐中寻找学习或工作的灵感（音乐灵性）的修正指数较大；两道题目都试图测量和音乐灵性有关的感觉，有重复测量之嫌。相比较而言，Q93 的语言表述略显模糊
14	内省智能因素下的 Q31 我看到别人的缺点会反思自己（自我感知）	与同因素下的 Q23 我清楚自己在群体中的位置和角色（自我感知）的修正指数较大；两道题目在表述上并没有明显的重复，可能单纯是因为研究者的意图未能在测试中体现，Q23 在智能行为的差异性上要优于 Q31
15	自然智能因素下的 Q80 我喜欢小动物（自然互动）	与同因素下的 Q88 我懂得如何训练宠物（自然互动）的修正指数较大；两道题目都和小动物有关，虽不重复，但确有相近之嫌，Q88 在智能行为的差异性上要优于 Q80
16	交际智能因素下的 Q30 我对别人情绪的变化很敏感（人际觉察能力）	与同因素下的 Q14 我经常换位思考（人际觉察能力）的修正指数较大；两道题目在表述上的重复并不明显，在智能行为的差异性上也很难估计，Q30 在交际智能因素下的载荷量较低，在 0.5 以下
17	内省智能因素下的 Q15 我很清楚自己对于未来的期望（自我感知）； 自然智能因素下的 Q88 我懂得如何训练宠物（自然互动）； 交际智能因素下的 Q102 我能主动关心别人（人际协调能力）	修改后不同因素的题目数量差别较大，根据验证性因素分析结果和专家的建议，在题目较多的因素中删除载荷量较低的题目

运动参与和多元智能

表 2-2-3　多元智能八因素结构模型的拟合指数（第 17 次调整）

拟合指数	数值
χ^2	19460.01
df	3541
χ^2/df	5.50
NNFI	0.93
CFI	0.93
IFI	0.93
RMSEA	0.064

第 17 次调整后的一阶八因素多元智能结构方程模型（86 题目）如图 2-2-2 所示。

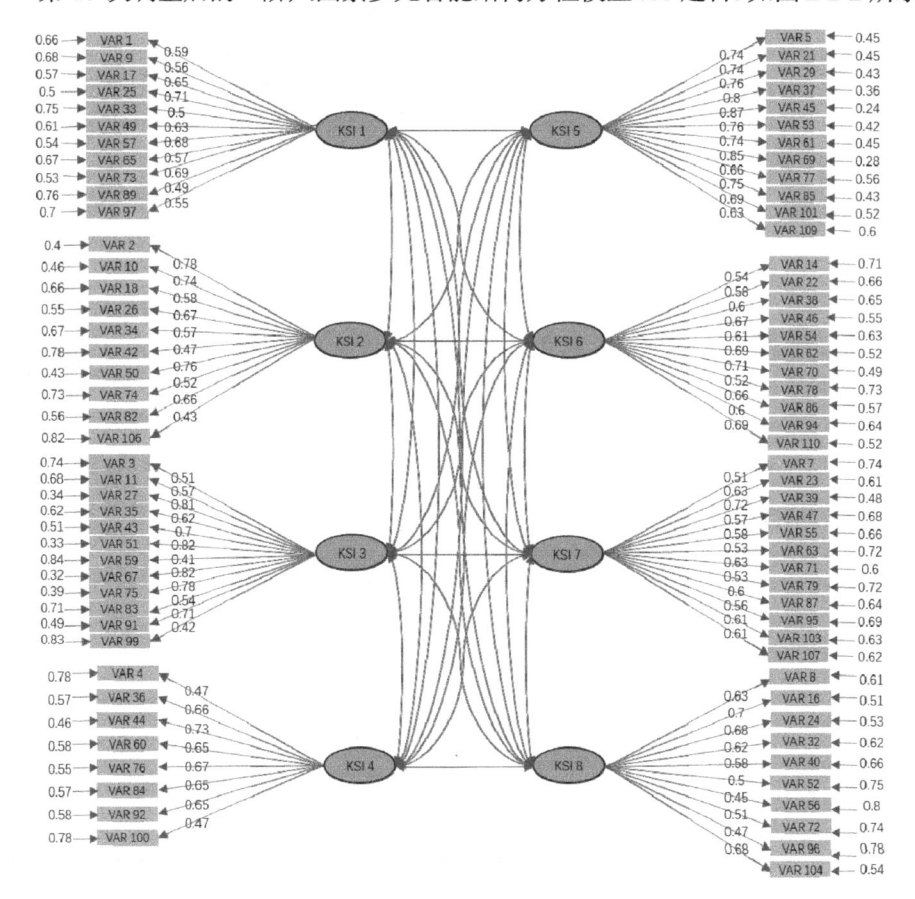

图 2-2-2　第 17 次调整后的一阶八因素多元智能结构方程模型（86 题目）

3. 初测试量表信度

本研究使用 SPSS 18.0 对样本数据进行内在一致性分析，计算量表的 Cronbach's Alpha 信度系数。信度系数越大，表明测量的可信程度越大。通常认为的标准是：0.60～0.65（不可接受值）；0.65～0.70（最小可接受值）；0.70～0.80（相当好）；0.80～0.90（非常好）。由此可知，一份信度系数好的量表或问卷，内在一致性系数最好在 0.80 以上，在 0.70～0.80 之间可以接受；分量表内在一致性系数最好在 0.70 以上，在 0.60～0.70 之间可以接受。若分量表的内部一致性系数在 0.60 以下或者总量表的信度系数在 0.80 以下，则应考虑重新修订量表或增删题目。本研究中八种智能因素的内在一致性系数均在 0.80 以上，总量表内在一致性系数达到 0.949，为理想水平，如表 2-2-4 所示。

表 2-2-4 初测试多元智能各因素内在一致性（n=1091，Items=86）

智能因素	Cronbach's Alpha 信度系数	Items
语言智能	0.839	11
数学智能	0.837	10
运动智能	0.876	12
空间智能	0.808	8
音乐智能	0.924	12
交际智能	0.857	11
内省智能	0.835	12
自然智能	0.809	10

2.2.3 多元智能量表修订版

根据信效度分析的结果，确定了 86 题目的多元智能二级指标结构，作为多元智能量表修订版，进行下一步验证测试的研究。多元智能量表修订版（86 题目）如表 2-2-5 所示。

运动参与和多元智能

表 2-2-5　多元智能量表修订版（86 题目）

智能因素	一级指标	题号	二级指标
语言智能（11）	语言理解能力	1	我对文言文的理解能力强
		9	我认为阅读是一件轻松而快乐的事
		17	我能够快速地领会作者想要表达的思想
		25	我能够感受到诗歌的意境
		33	我很少遇见生僻字
		49	我能够很容易地记住名言警句
语言智能（11）	语言表达能力	57	我能够写出令自己满意的文学作品
		65	我书写流畅
		73	我擅于引经据典
		89	我喜欢讨论或辩论
		97	我善于讲故事
数学智能（10）	运算能力	2	数学是我的强项
		10	需要计算时，我能保持清晰的思路
		18	我的估算经常是准确的
		26	我的心算速度较快
	逻辑组织能力	34	我喜欢智力游戏或需要逻辑思维的游戏
		42	我说话办事讲求逻辑
		50	我擅长理科
	分析能力	74	我对科学新发现的原理感兴趣
		82	我习惯用含有数字的信息来解释问题或说明立场
		106	我对计算机的内部运行程序感兴趣
运动智能（11）	身体感知能力	3	我能通过身体活动获取灵感
		11	我善于模仿别人的身体动作
		27	我很容易就能学会一项新的运动技能
		35	在身体失去平衡时，我总能够有效避免受伤
	整体运动能力	43	我有热爱并擅长的运动项目
		51	我动作敏捷
		59	我有很好的柔韧性
		67	我有运动天赋
		75	我有很好的身体平衡能力
	精细运动	83	我扔东西扔得准
		91	我手脚配合默契

续表

智能因素	一级指标	题号	二级指标
空间智能（8）	空间辨认	4	我善于区分各种颜色
		36	我能够理解绘画或雕塑里所表达的思想内容
		44	我能够评判摄影作品
		60	我善于搭配色彩
	空间运用	76	我擅长摄影
		84	我知道如何用画面来表达思想
		92	我擅长绘画
		100	我经常通过画图来帮助思考
音乐智能（12）	节奏感知	5	我能准确地随着音乐打拍子
	音高感知	21	我能很清楚地发现别人唱歌时走音
		29	一首歌曲或乐曲听1~2遍，我就能准确地唱出或哼出
		37	我能够分辨出音乐作品中的高音部分和低音部分
	音乐欣赏	45	我对音乐的鉴赏能力强
		53	我能分辨常见乐器演奏的声音
		61	我能感受到音乐所要传达的情绪
		69	我喜欢谈论音乐方面的事情
		77	我喜欢收藏有关音乐的音像制品
	音乐灵性	85	我能从音乐中寻找学习或工作的灵感
	音乐表现	101	同学和朋友都夸我唱歌好听
		109	我擅长一种甚至多种乐器
交际智能（11）	人际觉察能力	14	我经常换位思考
		22	我擅于察言观色
		38	我能听出别人的言外之意
		46	我很清楚自己的人际关系状况
	人际协调能力	54	我周围的同学和朋友时常请我帮忙
		62	与别人意见不同时，我能有效地沟通与协调
		70	我能帮助别人化解矛盾
		78	我总是能够找到可以帮助我的人
		86	我的朋友很多
		94	我的同学和朋友认为我有号召力与领导才能
		110	我总能赢得大家的喜爱和尊重

续表

智能因素	一级指标	题号	二级指标
内省智能（12）	自我感知	7	我很清楚自己的个性
		23	我清楚自己在群体中的位置和角色
		39	我清楚地知道自己的长处
		47	我会思考自己的人生
		55	我常常能预感到所做事情的结果
	自我调节	63	面对挫折，我能够保持乐观的心态
		71	我能够基于现实情况为自己设置生活的目标
		79	冲突过后，我会冷静地反省自己
		87	我能够克服自己的缺点
		95	我能够很容易地集中自己的注意力
		103	我意志坚强
		111	在苦闷时，我总能找到很好的排遣方式
自然智能（11）	自然识别	8	我能够观察到植物成长时表现出的细微变化
		16	我能分辨多种花草树木
		24	我熟悉多种花朵的味道
		32	我能辨认多种动物
		40	我很熟悉名山、大川等
	自然互动	56	我喜欢到大自然中进行户外活动，如登山、露营和漂流等
		64	我喜欢欣赏自然景象
		72	我关心环境变化并积极参与自然环境保护
		96	我喜欢以大自然为主题的电影、音乐、摄影、美术或文学作品
		104	我擅于种植花草树木
		112	在烹饪时，我擅于对蔬菜进行搭配

2.2.4 初测试量表各因素相关性分析

在对多元智能量表的研究中，有必要对各智能因素之间的相关性进行分析，用以丰富和完善多元智能理论的体系建构。多元智能分量表的相关矩阵如表2-2-6所示，各智能因素之间普遍存在低到中度的正相关关系，表明各智能因素既方向一致，又有所差异，不可互相替代，但是各智能因素的独立性相对不同。

表 2-2-6　多元智能分量表的相关矩阵

	语言	数学	运动	空间	音乐	交际	内省	自然
语言	1.00							
数学	0.21	1.00						
运动	0.25	0.38	1.00					
空间	0.58	0.18	0.39	1.00				
音乐	0.36	0.10	0.32	0.62	1.00			
交际	0.61	0.32	0.47	0.54	0.48	1.00		
内省	0.65	0.41	0.41	0.48	0.33	0.90	1.00	
自然	0.61	0.25	0.41	0.65	0.39	0.47	0.47	1.00

数学智能和其他七种智能因素的相关系数在 0.10～0.41 之间，运动智能和其他七种智能因素的相关系数在 0.25～0.47 之间，这两种智能因素有很强的独立性，音乐智能和除空间智能外的其他六种智能因素的相关系数在 0.10～0.48 之间，以上三种智能因素独立性较强。另外，也存在少数相关系数较高的情况。例如，语言智能、交际智能、内省智能三种智能因素之间的相关系数在 0.6 以上，交际智能和内省智能两种智能因素之间的相关系数甚至达到 0.9；空间智能与音乐智能、自然智能的相关系数都在 0.6 以上。

2.3　大学生多元智能量表验证测试及结果分析

验证测试的调查问卷仍然采取五等级李克特量表方式制定量表，五等级分别是完全不符合、较不符合、一般符合、比较符合、完全符合。问卷中删除了初测版中不合适的题目，保持原有顺序不变。为了后期筛选有效问卷，研究者仍然在两个维度上设计了两道与原有题目对应的反向题，用于测谎。两道测谎题分别是我的朋友很少和我缺乏运动天赋，分别对应我有很多朋友和我有运动天赋。

2.3.1　验证测试调查对象

为验证问卷的信度和效度，研究者选取了清华大学、北京大学、中国人民大学、北京师范大学、北京印刷学院、中央民族大学、北京建筑大学、北京外国语大学八所学校进行验证测试的问卷发放。选取这八所高校的学生作为样本是出于两个原因：首先，样本的分布要兼顾普通大学和重点大学，因此研究样本不仅选择了北京市四所重点高校，还选择了四所普通高校；其次，样本中学生专业的分布要合理，因此分别选择了文科类院校和理工科类院校，这些学校中也包括艺术类和商科类的专业。

这些高校的问卷发放工作由从事体育教学的教师完成，采用在教学班级当堂或课后发放的方式，并回收问卷。在问卷发放前召集各位教师统一开会说明，强调问卷发放的原则，说明问卷采取不计名形式，请学生放心填写，并恳请教师督促学生认真完成，共收集到有效样本 1250 份。样本的分布情况为：男生 631 人（50.5%），女生 619 人（49.5%）；一年级 487 人（39.0%），二年级 633 人（50.6%），三、四年级 130 人（10.4%）；专业涵盖文科类（380 人，30.4%）、理科类（260 人，20.8%）、工科类（272 人，21.8%）、商科类（200 人，16.0%）、艺术与体育类（90 人，7.2%）和其他类（48 人，3.8%）等。

2.3.2 验证测试量表信效度分析

1. 验证测试量表结构效度

用 LISREL 8.80 对数据进行因素分析，再次建构一阶八因素多元智能结构方程模型，与初始结果进行比较，主要拟合指数仍然比较理想，表明 86 题目一阶八因素多元智能结构方程模型具有良好的结构效度，而且稳定性好。一阶八因素多元智能结构方程模型拟合指数如表 2-2-7 所示。这里需要说明的是，卡方值对样本量较敏感，再次测验时样本量更大，因此 χ^2/df 与初测试时相比有所提高。

表 2-2-7 一阶八因素多元智能结构方程模型拟合指数（n=1250，Items=86）

拟合指数	数值
χ^2	25021.42
df	3541
χ^2/df	7.07
NNFI	0.92
CFI	0.93
IFI	0.93
RMSEA	0.070

2. 验证测试量表各因素相关性分析

通过第二次建构的一阶八因素多元智能结构方程模型,再次对各智能因素之间的相关性进行分析。多元智能分量表的相关矩阵如表 2-2-8 所示,同第一次分析的结果基本相同,各智能因素之间仍然普遍存在低到中度的正相关关系,智能因素差异明显,但独立性相对不同。数学智能和其他七种智能因素的相关系数在 0.16~0.47 之间,运动智能和其他七种智能因素的相关系数在 0.24~0.54 之间,音乐智能因素和除空间智能外的其他六种智能因素的相关系数在 0.16~0.51 之间,仍然保持很强的独立性。其他智能因素之间的相关系数同初测试时相比没有明显变化。

表 2-2-8 多元智能分量表的相关矩阵

	语言	数学	运动	空间	音乐	交际	内省	自然
语言	1.00							
数学	0.29	1.00						
运动	0.24	0.47	1.00					
空间	0.60	0.22	0.46	1.00				
音乐	0.44	0.16	0.39	0.60	1.00			
交际	0.62	0.38	0.54	0.49	0.51	1.00		
内省	0.56	0.47	0.50	0.44	0.42	0.91	1.00	
自然	0.61	0.24	0.44	0.67	0.49	0.45	0.46	1.00

3. 验证测试量表信度

本研究使用 SPSS 18.0 再次计算验证测试量表的 Cronbach's Alpha 信度系数。在验证测试中对多元智能量表各智能因素内在一致性进行分析,其两次测量结果没有明显差别,再次表明多元智能量表的内在一致性系数有较好的稳定性,可以应用于实际的测量和实践性研究。总量表内在一致性系数为 0.954。验证测试多元智能各智能因素内在一致性如表 2-2-9 所示。

表 2-2-9 验证测试多元智能各智能因素内在一致性（n=1250，Items=86）

智能因素	Cronbach's Alpha 信度系数	Items
语言智能	0.832	11
数学智能	0.840	10
运动智能	0.879	12
空间智能	0.833	8
音乐智能	0.925	12
交际智能	0.859	11
内省智能	0.847	12
自然智能	0.809	10

2.4 关于多元智能量表编制的说明和讨论

2.4.1 多元智能量表的信效度

在量表的信度方面，问卷采用 Cronbach's Alpha 系数法，对两次测试的数据进行内在一致性检验，分量表的内在一致性系数均超过 0.8，总量表的内在一致性系数均超过 0.9，表明该量表的内在一致性信度良好。

在内容效度方面，根据统计学要求，题目水平的内容效度指数不低于 0.78，全体一致量表水平的内容效度指数不低于 0.8，平均量表水平的内容效度指数应达到 0.90。在本研究中，前期专家评定量表的题目水平的内容效度指数范围为 0.792~1.000，全体一致量表水平的内容效度指数为 0.917，平均量表水平的内容效度指数为 0.946。

在结构效度方面，研究者深入理解多元智能理论的概念和内容，量表编制基于先验理论或先前研究设定因素的数目及其关系，研究的方向是理论导向，因此采用验证性因素分析，其目的在于检验观察变量与其内在潜变量之间的关系是否存在。验证性因素分析的方法是建立一阶结构方程模型，经 17 次调整和两轮共 2341 个有效样本的初测试和验证测试，结构方程模型各拟合指数良好且稳定，从而最终确定了 86 个题目的多元智能量表。

任何一种智力理论都具有局限性，多元智能量表更多反映学生在不同智能因素发展上的倾向和特点，这种倾向和特点可能会与其他智力理论所强调的智力内容有出入，但是从理论分析和应用的效果来看，其能够代表多元智能理论中强调的解决多元化社会生活中各种问题的能力。

2.4.2 多元智能各因素之间的相关性

通过结构方程模型的相关性检验可以发现，多元智能各因素之间普遍存在中低度相关关系，只有数学智能和运动智能有相对较强的独立性。多元智能之间的独立性之所以被强调，是因为想要表达一个人在某个领域突出并不意味着其他方面也一定强，反之对于弱项也同样成立。在现实生活中，人们通常表现出两三种强项和弱项。加德纳认为每种智能并不需要完全独立于其他的智能，在一些特定的文化环境里，某些智能可能会较为紧密地联系在一起[1]。例如，在人们平常的概念里，"读书"和"明理"本来就是相辅相成的，所谓"世事洞明皆学问，人情练达即文章"[2]，这就不难理解交际智能、内省智能都和语言智能有接近0.6的相关度。

至于内省智能与交际智能达到了0.9的相关度，可能是因为它们都被称为人的认知智能，是对他人和对自我的认识，是在较高的层面上彼此融合的智能形式，受文化及历史因素影响更深。在中国人的智力观中，智力的一个重要方面即"知人"，既须知自己，也须知他人，二者相辅相成。在中国传统社会中智力的一个最重要、最具体的特征即处理人际关系，尤其是处理血缘与非血缘、直系亲属与非直系亲属的关系，还需要处理姻亲与非姻亲的关系，朋友与非朋友的关系，近邻与外姓人、外帮人的关系。中国人的智力取向也多用在对人的认识和把握方面，而对自然界的把握相对不够[3]。

两种智能关系紧密并不意味着两种智能是等同的。交际智能的核心是发现其他个体之间的差异并加以区别的能力，尤其是对他们的情绪、气质、动机与意向进行区分的能力；内省智能的核心是能够直接辨别生活中的感受，并最终用符号化的记号去标记这些感受。因此，即便在不同的文化背景下，二者的界定也可能会有所不同，会被不同程度地混淆，但是二者认知方式和角度不同，要区分来看。

2.4.3 多元智能量表的文化差异

不同的文化背景会使人们对智力产生不同的认知，多种智力理论在当代社会

---

[1] GARDNER H. Multiple intelligences: new horizons[M]. New York: Basic Books, 2006.
[2] 曹雪芹，高鹗. 红楼梦[M]. 北京：人民文学出版社，1982.
[3] 燕良轼. 生命之智——中国传统智力观的现代诠释[M]. 济南：山东教育出版社，2012.

◇ 运动参与和多元智能

的百家争鸣一定程度上源于文化的多样性。在这样的前提下，人们会思考同一种智力理论如何在不同的文化背景下进行共享，共享的效果如何。例如，西方的智力研究强调认知加工的速度，而来自东方的学者就会怀疑快速操作的工作质量，并且强调加工深度的重要性[1]；澳大利亚的大学生重视学习能力，而马来西亚的大学生更看重实践能力、语言能力和创造能力[2]；在华人世界的不同地区，对各种智力因素重要性的认识也是有差异的[3][4]。多元智能量表的跨文化试用一直未能有突破性的研究进展，即便某个多元智能量表在某一国家和地区的验证性研究中得到了很好的信效度，试用到不同文化背景的地区也会出现争议。

应试教育的存在使多数中国学生的综合素质和能力在步入大学之前未能得到很好的开发，学生们过早地为自己贴上文科或理科的标签用以划分自己的知识体系。具体表现：语言和数学方面的差异以文理科为界限呈现两极分化；艺术类和体育类学生过早分流；情感教育普遍缺失。随着学生们进入大学，原有的知识体系会发生巨大的变化。导致这种变化产生的因素有很多，如城市环境、家庭背景、学校氛围、所属专业、社交人群等，中国学生会在大学阶段迅速地进行一次知识的解构，这种解构的过程对于大学生多元智能的发展是革命性的，它体现在大学生活的各个方面。例如，对于原有数学知识的深入与选择性抛弃，对于马克思主义的再思考与选择性接受，对于高中作文写作方法的应用与选择性拓展，对于外语学习的再定位与选择性加强。

本研究从国内大学生的文化生活中寻找可以测量的内容，使多元智能能够与中国的文化环境相适应。研究者无法具体地表述这种文化差异如何在量表中体现，但是通过与专家和学生的访谈，经过充分的交流和互动，研究者与受访者共同的认知背景和文化认同可以最大程度地避免智力理论本身的局限及西方智力研究中对于中国学生的偏见。在题目的表达上既参考了国外多元智能量表各个版本的成功之处，又充分考虑到我国基本国情、文化背景和教育制度的差异，以便于被测学生理解量表并如实作答。

---

[1] LOCKHART R S, CRAIK F I. Levels of processing: a retrospective commentary on a framework for memory research[J]. Canadian journal of psychology/Revue canadienne de psychologie, 1990, 44(1): 87-112.

[2] GILL R, KEATS D M. Elements of intellectual competence[J]. Journal of cross-cultural psychology, 1980, 11(2): 233-243.

[3] 蔡笑岳，向祖强. 西南少数民族青少年智力发展与教育[M]. 重庆：西南师范大学出版社，2001.

[4] 周祝瑛，张雅美. 多元智能理论在台湾中小学之实验[J]. 全球教育展望，2001, 30（12）：23-30.

3 多元智能量表在大学生运动参与领域的应用

运动参与是一个非常宏观的概念，不同的运动参与对于人的发展有着截然不同的影响，不同特点的人群都可以找到合适的运动方式来发展自己期望获得的能力。以往的运动与智力关系的研究所选用的智力理论往往只关注了语言、记忆、数理逻辑能力的变化，而不能以一个更广阔和全面的视角来探讨运动与智力的关系。因此，本研究选用多元智能理论的目的在于能够观察智力的全面性，使运动的多元和智力的多元更好地结合，探索运动作为一个大学生活中常有的情境是否能够影响多元智能的发展，为运动和智力的研究提供新的线索。

3.1 研究对象和方法

3.1.1 研究对象

研究对象为15所高校的2405名在校大学生，以各高校中一、二年级非体育专业的学生为主。具体分布为：男生1194人（49.6%），女生1211人（50.4%）；一年级1151人（47.9%），二年级1076人（44.7%），三、四年级178人（7.4%）；专业涵盖文科类、理科类、工科类、商科类、艺术类等；样本来源学校既有重点高校，也有普通高校。样本来源专业分布与样本来源学校分布分别如表2-3-1和表2-3-2所示。

表2-3-1 样本来源专业分布

样本来源专业	人数（百分比）
文科类	542（22.5%）
理科类	448（18.6%）
工科类	685（28.5%）
商科类	613（25.5%）
艺术类	117（4.9%）

表 2-3-2 样本来源学校分布

样本来源学校	人数（百分比）
北京大学	202（8.4%）
北京航空航天大学	168（7.0%）
北京建筑大学	242（10.1%）
北京科技大学	129（5.4%）
北京联合大学	214（8.9%）
北京林业大学	136（5.7%）
北京师范大学	290（12.1%）
北京外国语大学	144（6.0%）
北京印刷学院	114（4.7%）
北京中医药大学	131（5.4%）
国际关系学院	112（4.7%）
清华大学	145（6.0%）
中国人民大学	127（5.3%）
首都经济贸易大学	131（5.4%）
中央民族大学	120（5.0%）

3.1.2 研究方法

1. 问卷调查法

本研究采用的问卷包括两部分：运动参与情况调查和本研究前期研制的"大学生多元智能评定量表"。

研究者在公共体育课的前 15 分钟进行问卷统一发放和回收，严格控制问卷的填答过程；测试后通过测谎题严格筛选有效问卷，由课题组录入并反复检查，确保样本质量。大学生运动参与情况调查涉及的时间阶段为近半年内，问卷内容包括：①除体育课外，是否参加体育活动；②除体育课外，参加体育活动的频率；③平均每次参加锻炼的时间；④平均每次锻炼的运动量；⑤选择参加的运动项目。

2. 数理统计法

采用 SPSS 18.0 对数据进行管理和统计分析，调查大学生运动参与情况时主要使用的统计学方法为描述统计和卡方检验，研究运动参与情况和多元智能发展水平的相关性时主要使用的统计学方法为单因素方差分析或多因素方差分析，结果以均值和标准差表示，显著性为 $p<0.05$。

3.2 研究结果

3.2.1 大学生运动参与情况的调查

1. 大学生是否参与课外体育运动的调查

从表 2-3-3 中可以看出，在被调查的学生样本中，过去半年内，除体育课外仍然会参加运动的大学生有 1810 人，占总样本人数的 3/4 以上，而从不参加运动的人数约占 1/4。

表 2-3-3 "除体育课外，是否参加体育活动"的总体情况（$n=2405$）

除体育课外，是否参加体育活动	人数（百分比）
参加	1810（75.3%）
不参加	595（24.7%）

对北京市不同性别的大学生"除体育课外，是否参加体育活动"进行卡方检验，如表 2-3-4 所示。研究结果显示：不同性别的大学生选择参加课外体育活动的人数百分比存在非常显著的差异（$p<0.01$）。男生选择参加课外体育活动的人数占男生总数的八成以上，而女生选择参加课外体育活动的人数仅占女生总数的六成以上。相对来说，男生比女生更热衷于参加课外体育活动。

表 2-3-4 不同性别的大学生"除体育课外，是否参加体育活动"的情况及卡方检验

除体育课外,是否参加体育活动	男生人数（百分比）期望值	女生人数（百分比）期望值	χ^2	p
参加	1000（83.8%） 898.6	810（66.9%） 911.4	91.844	0.000
不参加	194（16.2%） 295.4	401（33.1%） 299.6		

注：$p<0.01$ 表示差异具有非常显著性，$p<0.05$ 表示差异具有显著性。

对北京市不同年级的大学生"除体育课外，是否参加体育活动"进行卡方检验，如表 2-3-5 所示。研究结果显示：不同年级的大学生选择参加课外体育活动

的人数百分比不存在显著的差异（$p>0.05$）。四个年级参加课外体育活动的人数都在75%左右。考虑到研究样本以一、二年级的学生为主体，两个年级的学习任务和业余时间也没有太大差异，因此，这一结果基本符合研究的预期。

表2-3-5 不同年级的大学生"除体育课外，是否参加体育活动"的情况及卡方检验

除体育课外，是否参加体育活动	一年级人数（百分比）期望值	二年级人数（百分比）期望值	三、四年级人数（百分比）期望值	χ^2	p
参加	873（75.8%） 866.2	802（74.5%） 809.8	135（75.8%） 134.0	0.549	0.760
不参加	278（24.2%） 284.8	274（25.5%） 266.2	43（24.2%） 44.0		

注：$p<0.01$表示差异具有非常显著性，$p<0.05$表示差异具有显著性。

2. 大学生运动参与程度的调查

本研究采用我国通用的体育人口定义：每周身体活动频度3次以上，每次身体活动时间30分钟以上，每次活动强度为中等程度以上的运动参与者。根据此项标准，我们将满足"身体活动30分钟以上，活动达到中等强度"视为一次有效运动；选择参加运动的样本中不能满足以上两个条件的学生视为少时少量参加；平均每两周、三周或三周以上才进行一次运动的学生视为偶尔参加；平均每周一次并符合上述条件的学生视为有时参加；每周运动两次及以上并符合上述条件的学生视为经常参加（大学生通常每周一节体育课也算作一次有效运动）。以此得到用来研究的四个对照组分别为少时少量参加、偶尔参加、有时参加和经常参加。

从表2-3-6中可以看出，在选择参加运动的1810份学生样本中，少时少量参加的学生人数为335人，占参加运动人数的18.5%；偶尔参加运动的学生人数为276人，占参加运动人数的15.2%；有时参加运动的学生人数为412人，占参加运动人数的22.8%；经常参加运动的学生人数为787人，占参加运动人数的43.5%。

表2-3-6 大学生运动参与程度的情况

运动参与程度	人数（百分比）
少时少量参加	335（18.5%）
偶尔参加	276（15.2%）
有时参加	412（22.8%）
经常参加	787（43.5%）

对北京市不同性别的大学生运动参与程度的情况进行卡方检验，如表 2-3-7 所示。研究结果显示：不同性别的大学生在运动参与程度的百分比上存在非常显著的差异（$p<0.01$）。相对比较，女生选择少时少量参加和偶尔参加的人数比重高于男生，分别达到了 24.7%和 18.1%，男生分别只有 13.5%和 12.9%；而男生选择有时参加和经常参加的人数比重高于女生，分别达到了 24.7%和 48.9%，女生分别只有 20.4%和 36.8%。

表 2-3-7 不同性别的大学生运动参与程度的情况及卡方检验

性别	少时少量参加人数（百分比）期望值	偶尔参加人数（百分比）期望值	有时参加人数（百分比）期望值	经常参加人数（百分比）期望值	χ^2	p
男生	135（13.5%） 185.1	129（12.9%） 152.5	247（24.7%） 227.6	489（48.9%） 434.8	57.146	0.000
女生	200（24.7%） 149.9	147（18.1%） 123.5	165（20.4%） 184.4	298（36.8%） 352.2		

注：$p<0.01$ 表示差异具有非常显著性，$p<0.05$ 表示差异具有显著性。

对北京市不同年级的大学生运动参与程度的情况进行卡方检验，如表 2-3-8 所示。研究结果显示：不同年级的大学生在运动参与程度的百分比上不存在显著的差异（$p>0.05$）。各年级选择经常参加的学生都达到了 40%以上，选择有时参加的学生都达到了 20%以上，选择偶尔参加的学生在 15%左右。

表 2-3-8 不同年级的大学生运动参与程度的情况及卡方检验

年级	少时少量参加（百分比）期望值	偶尔参加人数（百分比）期望值	有时参加人数（百分比）期望值	经常参加人数（百分比）期望值	χ^2	p
一年级	187（21.4%） 161.6	126（14.4%） 133.1	192（22.0%） 198.7	368（42.2%） 379.6		
二年级	133（16.6%） 148.4	128（16.0%） 122.3	186（23.2%） 182.6	355（44.3%） 348.7	11.926	0.064
三、四年级	15（11.1%） 25.0	22（16.3%） 20.6	34（25.2%） 30.7	64（47.4%） 58.7		

注：$p<0.01$ 表示差异具有非常显著性，$p<0.05$ 表示差异具有显著性。

运动参与和多元智能

3. 大学生运动参与项目的调查

在 2405 份学生样本中，有 1810 位大学生除体育课外平时还参加体育活动，有关运动项目的调查方式为多项选择，调查结果显示平均每人参加 2.19 种运动项目。从图 2-3-1 中可以看到，大学生选择参加的 16 种运动项目中，参与率由高至低排列依次为跑步（$n=1077$）、篮球（$n=546$）、羽毛球（$n=459$）、游泳（$n=343$）、乒乓球（$n=310$）、足球（$n=220$）、健身器械类（$n=197$）、健美操（$n=123$）、户外类（$n=117$）、网球（$n=111$）、瑜伽（$n=109$）、武术（$n=87$）、排球（$n=80$）、街舞（$n=47$）、跆拳道（$n=35$）、棒垒球（$n=26$）。

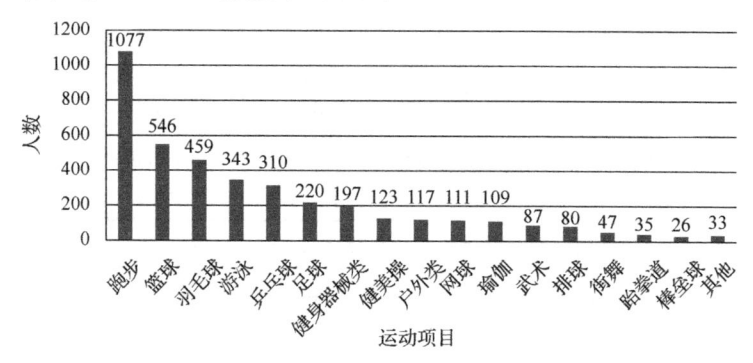

图 2-3-1 不同运动项目参与人数统计

参与调查的学生大多选择了两种以上的运动项目，因此很难将样本各自绝对地划分到某一类项目的运动人群中。研究者根据现有的理论和大学生运动参与的特点，对大学生参加运动的项目进行了分类，并进行两两比较。

1）集体项目和个人项目

集体项目是需要多人配合完成同一目标的运动项目，在调查样本中符合这一要求的运动有篮球（$n=546$）、足球（$n=220$）、排球（$n=80$）、棒垒球（$n=26$）。

个人项目是仅仅依靠个人即可完成的运动项目，在调查样本中符合这一要求的运动有跑步（$n=1077$）、羽毛球（$n=459$）、游泳（$n=343$）、乒乓球（$n=310$）、健身器械类（$n=197$）、健美操（$n=123$）、网球（$n=111$）、瑜伽（$n=109$）、武术（$n=87$）、街舞（$n=47$）、跆拳道（$n=35$）。

户外类运动是多种运动的统称，其中具体项目包括野外生存、定向越野、攀岩、自行车等，既有集体成分，也有个人成分。因此在本组对比中，不对其进行划分。

从图 2-3-2 中可知，44% 的大学生平时只参加个人项目，仅 7% 的大学生只参加集体项目，24%的大学生个人项目、集体项目均参加。也就是说，在大学生中，68%的大学生会参加个人项目，仅有31%的大学生会参加集体项目。

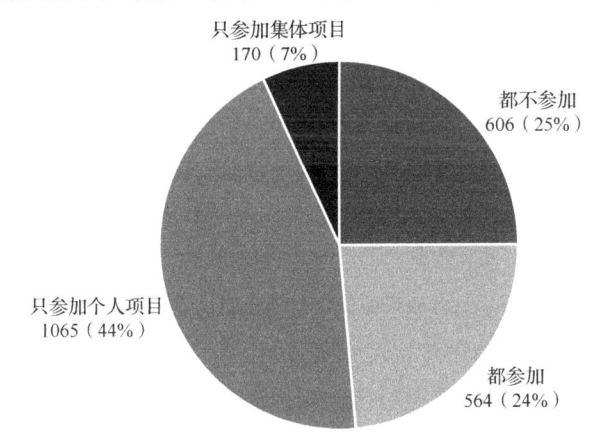

只参加集体项目 170（7%）
都不参加 606（25%）
只参加个人项目 1065（44%）
都参加 564（24%）

图 2-3-2　集体项目和个人项目参与人数统计

这种选择性的差异可能有两个原因：一是在大学尤其是北京的高校中，集体性运动的场地（如足球场、篮球场）相对拥挤，不利于集体项目的安排；二是大部分女生会更倾向于参加个人项目，如以保持身材为目的参与游泳、跑步，或者参与游戏性较高又无需身体接触的乒、羽、网等小球项目，对于剧烈的、冲撞性的集体项目缺乏偏好。

2）开放式项目和闭锁式项目

开放式项目是在变化和不可预见的环境中执行的运动项目，在调查样本中符合这一要求的运动有篮球（n=546）、羽毛球（n=459）、乒乓球（n=310）、足球（n=220）、网球（n=111）、排球（n=80）、棒垒球（n=26）。

闭锁式项目是在稳定和可预见的环境中执行的运动项目，在调查样本中符合这一要求的运动有跑步（n=1077）、游泳（n=343）、健身器械类（n=197）、健美操（n=123）、户外类（n=117）、瑜伽（n=109）、街舞（n=47）。

武术和跆拳道两项运动在参与过程中既存在个人练习的表演成分，也存在互动的对抗内容，在研究中无法判断调查样本具体的运动方式。因此在本组对比中，不对其进行划分。

从图 2-3-3 中可知，25%的大学生平时只参加闭锁式项目，仅16%的大学生只参加开放式项目，33%的大学生开放式项目、闭锁式项目均参加。也就是说，共有61%的大学生会参加闭锁式项目，有49%的大学生会参加开放式项目。

◇ 运动参与和多元智能

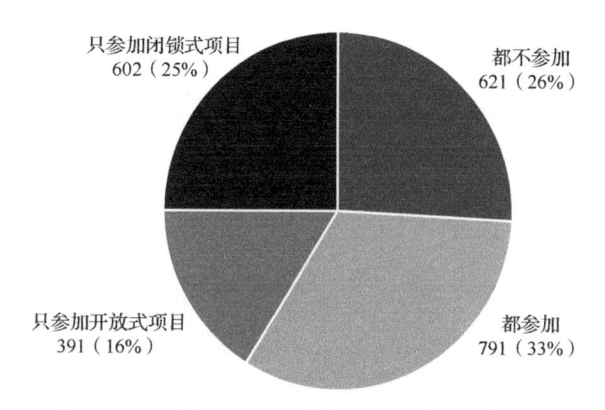

图 2-3-3 开放式项目和闭锁式项目参与人数统计

3）技能对抗类项目和技能表现类项目

技能主导类项目可分为技能对抗类项目和技能表现类项目。在本研究的调查样本中，符合技能对抗类项目要求的运动有篮球（n=546）、羽毛球（n=459）、乒乓球（n=310）、足球（n=220）、网球（n=111）、排球（n=80）、棒垒球（n=26）；符合技能表现类项目要求的运动有健美操（n=123）、瑜伽（n=109）、街舞（n=47）。

同样，武术和跆拳道两项运动在参与过程中既存在个人练习的表演成分，也存在互动的对抗内容，无法判断调查样本具体的运动方式。因此在本组对比中，不对其进行划分。其他运动项目皆不符合上述两类运动项目的特点，均不在本组对比研究中采用。

从图 2-3-4 中可知，45%的大学生平时只参加技能对抗类项目，仅 6%的大学生只参加技能表现类项目，4%的大学生两种项目均参加。也就是说，共有 10%的大学生会参加技能表现类项目，有 49%的大学生会参加技能对抗类项目。这种选择性的差异可能是因为技能对抗类项目具有更强的游戏性，更能够调动学生的参与兴趣。

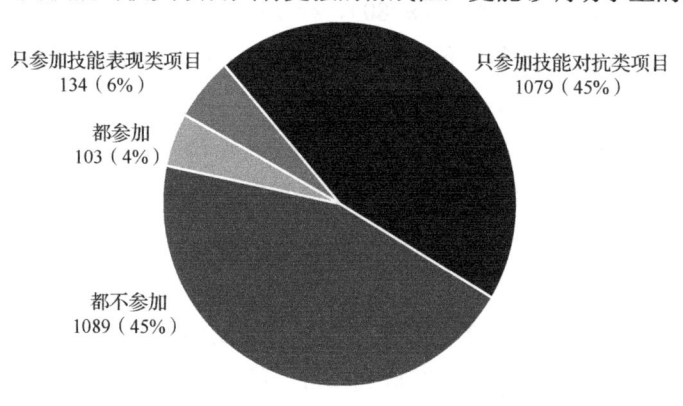

图 2-3-4 技能对抗类项目和技能表现类项目参与人数统计

3.2.2 是否参与运动的大学生在多元智能水平上的比较

由大学生运动参与情况可知,不同性别和不同专业的大学生在是否参与运动的选择上存在显著性的差异,因此在研究是否参与运动和多元智能之间的关系时,需要考虑性别和专业因素的影响。本研究采用多因素方差分析,考虑不同性别、不同专业、是否参与运动的大学生在八种智能因素上的比较。

1. 参加和不参加运动的大学生在语言智能水平上的比较

多因素方差分析的结果(表 2-3-9)显示:不同性别的大学生在语言智能得分上主效应差异不显著;运动组和非运动组的大学生在语言智能得分上主效应差异非常显著($p<0.01$),运动组得分高于非运动组;不同专业的大学生在语言智能得分上主效应差异非常显著($p<0.01$),得分高低的排序为文科类>艺术类>商科类>理科类>工科类。

表 2-3-9　不同性别、不同专业、是否参与运动的大学生语言智能得分的方差分析

比较因素	组别	人数	平均值	标准差	方差比(F)	p
性别	男	1194	35.83	6.713	0.089	0.765
	女	1211	36.29	6.814		
专业	文科类	542	37.82	6.788	12.798	0.000
	理科类	448	35.56	6.631		
	工科类	685	34.97	6.698		
	商科类	613	35.94	6.704		
	艺术类	117	36.92	6.295		
是否参与运动	是	1810	36.39	6.759	11.526	0.001
	否	595	35.06	6.849		

注:$p<0.01$ 表示差异具有非常显著性,$p<0.05$ 表示差异具有显著性。

进一步对不同专业的大学生语言智能得分进行多重比较(表 2-3-10)发现:文科类非常显著地高于商科类、理科类、工科类($p<0.01$);艺术类显著高于理科类($p<0.05$),非常显著地高于工科类($p<0.01$);商科类非常显著地高于工科类($p<0.01$)。各因素之间不存在交互作用(表 2-3-11)。

◇ 运动参与和多元智能

表 2-3-10　不同专业的大学生语言智能得分的多重比较

专业（I）	专业（J）	均值差（I-J）	标准误	p
文科类	理科类	2.25	0.425	0.000
	工科类	2.85	0.382	0.000
	商科类	1.87	0.392	0.000
	艺术类	0.89	0.678	0.187
理科类	艺术类	-1.36	0.691	0.049
	工科类	0.60	0.404	0.140
	商科类	-0.38	0.413	0.358
工科类	商科类	-0.98	0.370	0.008
	艺术类	-1.96	0.665	0.003
商科类	艺术类	-0.98	0.671	0.144

注：$p<0.01$ 表示差异具有非常显著性，$p<0.05$ 表示差异具有显著性。

表 2-3-11　不同性别、不同专业、是否参与运动的大学生语言智能得分的交互作用

比较因素	F	p
性别*专业	1.057	0.376
性别*运动	1.413	0.235
运动*专业	1.378	0.239

注：$p<0.01$ 表示差异具有非常显著性，$p<0.05$ 表示差异具有显著性。

2. 参加和不参加运动的大学生在数学智能水平上的比较

多因素方差分析的结果（表 2-3-12）显示：不同性别的大学生在数学智能得分上主效应差异非常显著（$p<0.01$），男生的得分高于女生；运动组和非运动组的大学生在数学智能得分上主效应差异非常显著（$p<0.01$），运动组的得分高于非运动组；不同专业的大学生在数学智能得分上主效应差异非常显著（$p<0.01$），得分高低的排序为理科类>工科类>商科类>艺术类>文科类。

表 2-3-12 不同性别、不同专业、是否参与运动的大学生数学智能得分的方差分析

比较因素	组别	人数	平均值	标准差	F	p
性别	男	1194	34.37	6.443	38.023	0.000
	女	1211	30.81	6.612		
专业	文科类	542	30.57	7.010		
	理科类	448	35.04	6.360		
	工科类	685	33.95	6.166	14.528	0.000
	商科类	613	31.40	6.667		
	艺术类	117	30.65	6.371		
是否参与运动	是	1810	33.10	6.747	8.847	0.003
	否	595	30.99	6.578		

注：$p<0.01$ 表示差异具有非常显著性，$p<0.05$ 表示差异具有显著性。

进一步对不同专业的大学生数学智能得分进行多重比较（表 2-3-13）发现：理科类非常显著地高于工科类、商科类、艺术类、文科类（$p<0.01$）；工科类非常显著地高于商科类、艺术类、文科类（$p<0.01$）；商科类显著高于文科类（$p<0.05$）。各因素之间不存在交互作用（表 2-3-14）。

表 2-3-13 不同专业的大学生数学智能得分的多重比较

专业（I）	专业（J）	均值差（I-J）	标准误	p
文科类	理科类	-4.47	0.408	0.000
	工科类	-3.38	0.367	0.000
	商科类	-0.83	0.377	0.028
	艺术类	-0.08	0.652	0.903
理科类	艺术类	4.39	0.664	0.000
	工科类	1.09	0.388	0.005
	商科类	3.64	0.397	0.000
工科类	商科类	2.55	0.355	0.000
	艺术类	3.30	0.639	0.000
商科类	艺术类	0.75	0.645	0.246

注：$p<0.01$ 表示差异具有非常显著性，$p<0.05$ 表示差异具有显著性。

表 2-3-14　不同性别、不同专业、是否参与运动的大学生数学智能得分的交互作用

比较因素	F	p
性别*专业	1.599	0.172
性别*运动	0.048	0.826
运动*专业	1.457	0.213

注：$p<0.01$ 表示差异具有非常显著性，$p<0.05$ 表示差异具有显著性。

3. 参加和不参加运动的大学生在运动智能水平上的比较

多因素方差分析的结果（表 2-3-15）显示：不同性别的大学生在运动智能得分上主效应差异显著（$p<0.05$），男生的得分高于女生；运动组和非运动组的大学生在运动智能得分上主效应差异非常显著（$p<0.01$），运动组的得分高于非运动组；不同专业的大学生在运动智能得分上主效应差异非常显著（$p<0.01$），得分高低的排序为艺术类>工科类>理科类>商科类>文科类。

表 2-3-15　不同性别、不同专业、是否参与运动的大学生运动智能得分的方差分析

比较因素	组别	人数	平均值	标准差	F	p
性别	男	1194	38.99	8.090	5.558	0.018
	女	1211	36.66	8.159		
专业	文科类	542	36.42	8.754	4.666	0.001
	理科类	448	37.99	7.924		
	工科类	685	38.80	8.212		
	商科类	613	37.43	7.871		
	艺术类	117	39.87	7.211		
是否参与运动	是	1810	39.36	7.861	133.523	0.000
	否	595	33.12	7.423		

注：$p<0.01$ 表示差异具有非常显著性，$p<0.05$ 表示差异具有显著性。

进一步对不同专业的大学生运动智能得分进行多重比较（表 2-3-16）发现：艺术类显著高于理科类（$p<0.05$），非常显著地高于商科类、文科类（$p<0.01$）；工科类非常显著地高于商科类、文科类（$p<0.01$）；理科类非常显著地高于文科类（$p<0.01$）；商科类显著高于文科类（$p<0.05$）。各因素之间不存在交互作用（表 2-3-17）。

表 2-3-16 不同专业的大学生运动智能得分的多重比较

专业（I）	专业（J）	均值差（I-J）	标准误	p
文科类	理科类	-1.56	0.493	0.002
	工科类	-2.38	0.444	0.000
	商科类	-1.00	0.455	0.028
	艺术类	-3.45	0.787	0.000
理科类	艺术类	-1.88	0.801	0.019
	工科类	-0.81	0.469	0.083
	商科类	0.56	0.480	0.241
工科类	商科类	1.38	0.429	0.001
	艺术类	-1.07	0.772	0.166
商科类	艺术类	-2.45	0.779	0.002

注：$p<0.01$ 表示差异具有非常显著性，$p<0.05$ 表示差异具有显著性。

表 2-3-17 不同性别、不同专业、是否参与运动的大学生运动智能得分的交互作用

比较因素	F	p
性别*专业	0.474	0.755
性别*运动	0.368	0.544
运动*专业	0.853	0.491

注：$p<0.01$ 表示差异具有非常显著性，$p<0.05$ 表示差异具有显著性。

4. 参加和不参加运动的大学生在空间智能水平上的比较

多因素方差分析的结果（表 2-3-18）显示：不同性别的大学生在空间智能得分上主效应差异非常显著（$p<0.01$），女生的得分高于男生；运动组和非运动组的大学生在空间智能得分上主效应差异非常显著（$p<0.01$），运动组的得分高于非运动组；不同专业的大学生在空间智能得分上主效应差异非常显著（$p<0.01$），得分高低的排序为艺术类>文科类>商科类>工科类>理科类。

表 2-3-18 不同性别、不同专业、是否参与运动的大学生空间智能得分的方差分析

比较因素	组别	人数	平均值	标准差	F	p
性别	男	1194	24.48	5.497	11.078	0.001
	女	1211	25.36	5.544		

◇ 运动参与和多元智能

续表

比较因素	组别	人数	平均值	标准差	F	p
专业	文科类	542	25.34	5.566	24.394	0.000
	理科类	448	24.05	5.249		
	工科类	685	24.45	5.436		
	商科类	613	24.63	5.197		
	艺术类	117	30.61	5.458		
是否参与运动	是	1810	25.29	5.474	20.726	0.000
	否	595	23.80	5.580		

注：$p<0.01$ 表示差异具有非常显著性，$p<0.05$ 表示差异具有显著性。

进一步对不同专业的大学生空间智能得分进行多重比较（表 2-3-19）发现：艺术类非常显著地高于文科类、商科类、工科类、理科类（$p<0.01$）；文科类显著高于商科类（$p<0.05$），非常显著地高于理科类、工科类（$p<0.01$）。另外，如表 2-3-20 所示，性别与专业交互作用显著（$p<0.05$），进一步进行简单效应检验（表 2-3-21）。在空间智能得分上，文科类和理科类大学生的女生得分均值非常显著地高于男生（$p<0.01$）。以上结果与传统研究中认为女性形象思维要好于男生的观点是基本一致的，同时，在运动中会经常运用到形象思维，形象思维的使用与空间智能的发展密不可分。

表 2-3-19　不同专业的大学生空间智能得分的多重比较

专业（I）	专业（J）	均值差（I-J）	标准误	p
文科类	理科类	1.29	0.338	0.000
	工科类	0.89	0.304	0.004
	商科类	0.70	0.312	0.024
	艺术类	-5.27	0.540	0.000
理科类	艺术类	-6.56	0.550	0.000
	工科类	-0.40	0.322	0.213
	商科类	-0.58	0.329	0.077
工科类	商科类	-0.18	0.294	0.537
	艺术类	-6.15	0.530	0.000
商科类	艺术类	-5.97	0.534	0.000

注：$p<0.01$ 表示差异具有非常显著性，$p<0.05$ 表示差异具有显著性。

表 2-3-20 不同性别、不同专业、是否参与运动的大学生空间智能得分的交互作用

比较因素	F	p
性别*专业	2.522	0.039
性别*运动	0.705	0.401
运动*专业	0.279	0.892

注：$p<0.01$ 表示差异具有非常显著性，$p<0.05$ 表示差异具有显著性。

表 2-3-21 性别与专业在空间智能得分上的简单效应检验

比较项目	平均值（男）	标准差	平均值（女）	标准差	F	p
性别 WITHIN 文科类	24.22	5.158	25.88	5.683	11.48	0.000
性别 WITHIN 理科类	23.57	5.253	25.15	5.090	8.35	0.004
性别 WITHIN 工科类	24.35	5.420	24.68	5.478	0.56	0.454
性别 WITHIN 商科类	24.69	5.111	24.61	5.238	0.03	0.867
性别 WITHIN 艺术类	30.51	5.885	30.71	5.037	0.04	0.841

注：$p<0.01$ 表示差异具有非常显著性，$p<0.05$ 表示差异具有显著性。

5. 参加和不参加运动的大学生在音乐智能水平上的比较

多因素方差分析的结果（表 2-3-22）显示：不同性别的大学生在音乐智能得分上主效应差异非常显著（$p<0.01$），女生的得分高于男生；运动组和非运动组的大学生在音乐智能得分上主效应差异非常显著（$p<0.01$），运动组的得分高于非运动组；不同专业的大学生在音乐智能得分上主效应差异显著（$p<0.05$），得分高低的排序为艺术类>文科类>商科类>工科类>理科类。

表 2-3-22 不同性别、不同专业、是否参与运动的大学生音乐智能得分的方差分析

比较因素	组别	人数	平均值	标准差	F	p
性别	男	1194	36.90	9.850	19.088	0.000
	女	1211	39.15	10.529		
专业	文科类	542	38.91	10.463	3.222	0.012
	理科类	448	37.00	10.677		
	工科类	685	37.45	9.771		
	商科类	613	38.02	10.121		
	艺术类	117	41.47	10.268		
是否参与运动	是	1810	38.76	10.111	22.620	0.000
	否	595	35.84	10.394		

注：$p<0.01$ 表示差异具有非常显著性，$p<0.05$ 表示差异具有显著性。

運動参与和多元智能

进一步对不同专业的大学生音乐智能得分进行多重比较（表 2-3-23）发现：艺术类显著高于文科类（$p<0.05$），非常显著地高于商科类、工科类、理科类（$p<0.01$）；文科类显著高于工科类（$p<0.05$），非常显著地高于理科类（$p<0.01$）。各因素之间不存在交互作用（表 2-3-24）。

表 2-3-23　不同专业的大学生音乐智能得分的多重比较

专业（I）	专业（J）	均值差（I-J）	标准误	p
文科类	理科类	1.90	0.641	0.003
	工科类	1.46	0.578	0.012
	商科类	0.88	0.592	0.137
	艺术类	−2.56	1.024	0.012
理科类	艺术类	−4.47	1.043	0.000
	工科类	−0.44	0.610	0.469
	商科类	−1.02	0.624	0.103
工科类	商科类	−0.58	0.559	0.301
	艺术类	−4.02	1.005	0.000
商科类	艺术类	−3.45	1.014	0.001

注：$p<0.01$ 表示差异具有非常显著性，$p<0.05$ 表示差异具有显著性。

表 2-3-24　不同性别、不同专业、是否参与运动的大学生音乐智能得分的交互作用

比较因素	F	p
性别*专业	1.959	0.098
性别*运动	0.066	0.797
运动*专业	0.394	0.813

注：$p<0.01$ 表示差异具有非常显著性，$p<0.05$ 表示差异具有显著性。

6. 参加和不参加运动的大学生在交际智能水平上的比较

多因素方差分析的结果（表 2-3-25）显示：不同性别的大学生在交际智能得分上主效应差异显著（$p<0.05$），女生的得分高于男生；运动组和非运动组的大学生在交际智能得分上主效应差异非常显著（$p<0.01$），运动组的得分高于非运动组；不同专业的大学生在交际智能得分上主效应差异显著（$p<0.05$），得分高低的排序为艺术类>文科类>商科类>工科类>理科类。

表 2-3-25 不同性别、不同专业、是否参与运动的大学生交际智能得分的方差分析

比较因素	组别	人数	平均值	标准差	F	p
性别	男	1194	39.94	6.004	3.962	0.047
	女	1211	40.31	6.012		
专业	文科类	542	40.75	6.272	3.095	0.015
	理科类	448	39.49	6.448		
	工科类	685	39.74	6.442		
	商科类	613	40.29	6.080		
	艺术类	117	41.03	6.149		
是否参与运动	是	1810	40.67	6.315	40.084	0.000
	否	595	38.46	6.021		

注：$p<0.01$ 表示差异具有非常显著性，$p<0.05$ 表示差异具有显著性。

进一步对不同专业的大学生交际智能得分进行多重比较（表 2-3-26）发现：艺术类显著高于工科类、理科类（$p<0.05$）；文科类非常显著地高于理科类、工科类（$p<0.01$）；商科类显著高于理科类（$p<0.05$）。各因素之间不存在交互作用（表 2-3-27）。

表 2-3-26 不同专业的大学生交际智能得分的多重比较

专业（I）	专业（J）	均值差（I-J）	标准误	p
文科类	理科类	1.26	0.397	0.001
	工科类	1.01	0.358	0.005
	商科类	0.46	0.367	0.206
	艺术类	−0.28	0.634	0.655
理科类	艺术类	−1.55	0.646	0.017
	工科类	−0.25	0.378	0.500
	商科类	−0.80	0.387	0.039
工科类	商科类	−0.55	0.346	0.115
	艺术类	−1.29	0.622	0.038
商科类	艺术类	−0.75	0.628	0.234

注：$p<0.01$ 表示差异具有非常显著性，$p<0.05$ 表示差异具有显著性。

表 2-3-27　不同性别、不同专业、是否参与运动的大学生交际智能得分的交互作用

比较因素	F	p
性别*专业	0.896	0.466
性别*运动	0.687	0.407
运动*专业	0.578	0.678

注：$p<0.01$ 表示差异具有非常显著性，$p<0.05$ 表示差异具有显著性。

7. 参加和不参加运动的大学生在内省智能水平上的比较

多因素方差分析的结果（表 2-3-28）显示：不同性别的大学生在内省智能得分上主效应差异不显著（$p>0.05$）；运动组和非运动组的大学生在内省智能得分上主效应差异非常显著（$p<0.01$），运动组的得分高于非运动组；不同专业的大学生在内省智能得分上主效应差异不显著（$p>0.05$）。各因素之间不存在交互作用（表 2-3-29）。

表 2-3-28　不同性别、不同专业、是否参与运动的大学生内省智能得分的方差分析

比较因素	组别	人数	平均值	标准差	F	p
性别	男	1194	44.11	6.732	0.000	0.988
	女	1211	43.86	6.434		
专业	文科类	542	44.48	6.603	1.475	0.207
	理科类	448	43.62	6.594		
	工科类	685	43.81	6.602		
	商科类	613	43.89	6.526		
	艺术类	117	44.55	6.591		
是否参与运动	是	1810	44.52	6.596	30.343	0.000
	否	595	42.33	6.267		

注：$p<0.01$ 表示差异具有非常显著性，$p<0.05$ 表示差异具有显著性。

表 2-3-29　不同性别、不同专业、是否参与运动的大学生内省智能得分的交互作用

比较因素	F	p
性别*专业	1.194	0.311
性别*运动	0.003	0.958
运动*专业	0.608	0.657

注：$p<0.01$ 表示差异具有非常显著性，$p<0.05$ 表示差异具有显著性。

8. 参加和不参加运动的大学生在自然智能水平上的比较

多因素方差分析的结果（表 2-3-30）显示：不同性别的大学生在自然智能得分上主效应差异不显著（$p>0.05$）；运动组和非运动组的大学生在自然智能得分上主效应差异非常显著（$p<0.01$），运动组的得分高于非运动组；不同专业的大学生在自然智能得分上主效应差异非常显著（$p<0.01$），得分高低的排序为艺术类>文科类>商科类>理科类>工科类。

表 2-3-30　不同性别、不同专业、是否参与运动的大学生自然智能得分的方差分析

比较因素	组别	人数	平均值	标准差	F	p
性别	男	1194	30.58	6.371	2.658	0.103
	女	1211	31.02	6.606		
专业	文科类	542	31.20	6.666		
	理科类	448	30.58	6.388		
	工科类	685	30.29	6.512	5.740	0.000
	商科类	613	30.75	6.385		
	艺术类	117	33.06	6.053		
是否参与运动	是	1810	31.42	6.492	40.358	0.000
	否	595	28.92	6.125		

注：$p<0.01$ 表示差异具有非常显著性，$p<0.05$ 表示差异具有显著性。

进一步对不同专业的大学生自然智能得分进行多重比较（表 2-3-31）发现：艺术类非常显著地高于文科类、商科类、工科类、理科类（$p<0.01$）；文科类显著高于工科类（$p<0.05$）。各因素之间不存在交互作用（表 2-3-32）。

表 2-3-31　不同专业的大学生自然智能得分的多重比较

专业（I）	专业（J）	均值差（I-J）	标准误	p
文科类	理科类	0.62	0.407	0.128
	工科类	0.91	0.366	0.012
	商科类	0.45	0.375	0.235
	艺术类	-1.86	0.649	0.004
理科类	艺术类	-2.48	0.661	0.000
	工科类	0.30	0.387	0.444
	商科类	-0.17	0.396	0.663

续表

专业（I）	专业（J）	均值差（I-J）	标准误	p
工科类	商科类	-0.47	0.354	0.185
	艺术类	-2.77	0.637	0.000
商科类	艺术类	-2.30	0.642	0.000

注：$p<0.01$ 表示差异具有非常显著性，$p<0.05$ 表示差异具有显著性。

表 2-3-32　不同性别、不同专业、是否参与运动的大学生自然智能得分的交互作用

比较因素	F	p
性别*专业	0.825	0.509
性别*运动	1.453	0.228
运动*专业	0.500	0.736

注：$p<0.01$ 表示差异具有非常显著性，$p<0.05$ 表示差异具有显著性。

3.2.3　运动参与程度不同的大学生在多元智能水平上的比较

本研究的假设为不同的运动项目对多元智能的影响存在差异，这种差异必然是基于一定的运动程度的，因此，需要将运动项目和运动程度同时作为因素进行分析。在进行多因素方差分析时，首先检验不同运动项目参与者在多元智能上的差异，其次检验运动程度和运动项目之间的交互作用。不同程度的运动参与作为一个基本的前提，通过单因素方差分析检验其对八种智能的影响。

对八种智能的得分分别进行不同程度运动参与的单因素方差分析（表 2-3-33），结果表明：在语言、数学、空间、音乐四种智能上，均不存在显著差异；在运动、交际、内省、自然四种智能上差异非常显著（$p<0.01$），并且得分均值由高到低的组别依次是经常参加组、有时参加组、偶尔参加组。这表明在适度参与的条件下，运动参与次数与运动、交际、内省、自然四种智能发展水平存在正相关关系。

表 2-3-33　运动参与程度不同的大学生多元智能得分的方差分析

智能	运动参与程度	n	平均值	标准差	F	p
语言智能	偶尔参加	276	36.20	7.045	0.293	0.746
	有时参加	412	36.48	6.425		
	经常参加	787	36.56	6.687		

续表

智能	运动参与程度	n	平均值	标准差	F	p
数学智能	偶尔参加	276	32.72	7.097	1.665	0.190
	有时参加	412	33.67	6.743		
	经常参加	787	33.34	6.521		
运动智能	偶尔参加	276	37.80	8.025	31.694	0.000
	有时参加	412	38.74	7.069		
	经常参加	787	41.48	7.796		
空间智能	偶尔参加	276	25.29	5.364	0.580	0.560
	有时参加	412	25.31	5.436		
	经常参加	787	25.61	5.551		
音乐智能	偶尔参加	276	39.23	10.505	0.113	0.893
	有时参加	412	39.01	9.890		
	经常参加	787	38.89	10.176		
交际智能	偶尔参加	276	39.96	6.367	5.253	0.005
	有时参加	412	40.71	6.092		
	经常参加	787	41.35	6.392		
内省智能	偶尔参加	276	43.19	6.616	10.756	0.000
	有时参加	412	44.61	6.321		
	经常参加	787	45.29	6.574		
自然智能	偶尔参加	276	30.77	6.797	5.347	0.005
	有时参加	412	31.17	6.303		
	经常参加	787	32.08	6.396		

注：$p<0.01$ 表示差异具有非常显著性，$p<0.05$ 表示差异具有显著性。

进一步对四种智能的得分进行不同程度运动参与的多重比较（表2-3-34），可知，经常参加组和偶尔参加组在四种智能得分上差异非常显著（$p<0.01$），经常参加组和有时参加组在运动智能得分上差异非常显著（$p<0.01$），经常参加组和有时参加组在自然智能得分上差异显著（$p<0.05$），有时参加组和偶尔参加组在内省智能得分上差异非常显著（$p<0.01$）。

表 2-3-34　运动参与程度不同的大学生在四种多元智能得分上的多重比较

智能	I组	J组	均值差（I-J）	标准误	p
运动智能	偶尔参加	有时参加	-0.931	0.596	0.315
	经常参加	偶尔参加	3.672	0.557	0.000
		有时参加	2.741	0.446	0.000
交际智能	偶尔参加	有时参加	-0.749	0.490	0.127
	经常参加	偶尔参加	1.389	0.441	0.002
		有时参加	0.641	0.383	0.095
内省智能	偶尔参加	有时参加	-1.421	0.507	0.005
	经常参加	偶尔参加	2.106	0.456	0.000
		有时参加	0.686	0.396	0.084
自然智能	偶尔参加	有时参加	-0.401	0.502	0.425
	经常参加	偶尔参加	1.307	0.451	0.004
		有时参加	0.906	0.392	0.021

注：$p<0.01$ 表示差异具有非常显著性，$p<0.05$ 表示差异具有显著性。

3.2.4　运动参与项目不同的大学生在多元智能水平上的比较

1. 集体项目和个人项目

根据集体项目和个人项目的运动特点推测，两种运动项目的运动参与者可能会在数学、交际、内省三种智能因素的得分上存在差异。

1）参加集体项目和个人项目的大学生在数学智能上的比较

多因素方差分析的结果（表 2-3-35）表明：参加集体项目和个人项目的大学生在数学智能得分上主效应差异非常显著（$p<0.01$），只参加集体项目的大学生数学智能的得分高于只参加个人项目的大学生；不同程度和不同项目之间不存在交互作用（$F=0.055$，$p=0.994$）。

表 2-3-35　参加集体项目和个人项目的大学生数学智能得分的方差分析

运动项目	人数	平均值	标准差	F	p
只参加个人项目	794	32.64	6.904		
只参加集体项目	164	33.28	5.974	8.198	0.000
都参加	508	34.47	6.434		

注：$p<0.01$ 表示差异具有非常显著性，$p<0.05$ 表示差异具有显著性。

第 2 部分　运动参与和大学生多元智能关系的研究

2）参加集体项目和个人项目的大学生在交际智能上的比较

多因素方差分析的结果（表 2-3-36）表明：参加集体项目和个人项目的大学生在交际智能得分上主效应差异显著（$p<0.05$），只参加集体项目的大学生交际智能的得分低于只参加个人项目的大学生；不同程度和不同项目之间不存在交互作用（$F=1.113$，$p=0.349$）。

表 2-3-36　参加集体项目和个人项目的大学生交际智能得分的方差分析

运动项目	人数	平均值	标准差	F	p
只参加个人项目	794	40.85	6.250		
只参加集体项目	164	39.63	7.303	3.986	0.019
都参加	508	41.47	6.053		

注：$p<0.01$ 表示差异具有非常显著性，$p<0.05$ 表示差异具有显著性。

3）参加集体项目和个人项目的大学生在内省智能上的比较

多因素方差分析的结果（表 2-3-37）表明：参加集体项目和个人项目的大学生在内省智能得分上主效应差异显著（$p>0.05$），都参加的大学生内省智能的得分最高；另外，运动程度和运动项目之间交互作用显著（$F=2.522$，$p=0.039$）。进一步进行简单效应检验（表 2-3-38），在内省智能得分上，在偶尔参加运动的大学生中，不同的运动项目组间差异显著，偶尔参加个人项目的大学生得分均值为 43.61，高于偶尔参加集体项目的大学生得分均值 39.48。

表 2-3-37　参加集体项目和个人项目的大学生内省智能得分的方差分析

运动项目	人数	平均值	标准差	F	p
只参加个人项目	794	44.74	6.454		
只参加集体项目	164	43.41	7.393	5.728	0.003
都参加	508	45.17	6.363		

注：$p<0.01$ 表示差异具有非常显著性，$p<0.05$ 表示差异具有显著性。

表 2-3-38　运动程度和运动项目在内省智能得分上的简单效应检验

比较项目	平均值（个人）	标准差	平均值（集体）	标准差	平均值（都参加）	标准差	F	p
项目 WITHIN 偶尔	43.61	6.624	39.48	6.237	43.41	6.395	4.19	0.015
项目 WITHIN 有时	45.12	6.372	43.57	7.148	44.22	5.733	1.68	0.186
项目 WITHIN 经常	45.05	6.373	44.42	7.583	45.91	6.490	2.42	0.090

注：$p<0.01$ 表示差异具有非常显著性，$p<0.05$ 表示差异具有显著性。

2. 开放式项目和闭锁式项目

开放式运动技能泛指操作环境不稳定或无法预知，操纵者或操作背景处于运动状态，并且动作开始时间由外界条件决定的运动技能；闭锁式运动技能泛指操作环境稳定或者可预知，操作者可以控制动作开始的运动技能。以此推断，使用开放式运动技能的运动项目为开放式项目，使用闭锁式运动技能的运动项目为闭锁式项目。根据两种项目的运动特点推测，两种运动项目的运动参与者可能会在数学、空间、内省三种智能因素的得分上存在差异。

1）参加开放式项目和闭锁式项目的大学生在数学智能上的比较

多因素方差分析的结果（表 2-3-39）表明：参加开放式项目和闭锁式项目的大学生在数学智能得分上主效应差异不显著（$p>0.05$）；不同程度和不同项目之间交互作用不显著（$F=0.884$, $p=0.473$）。

表 2-3-39 参加开放式项目和闭锁式项目的大学生数学智能得分的方差分析

运动项目	人数	平均值	标准差	F	p
只参加开放式项目	366	33.33	6.470		
只参加闭锁式项目	403	32.54	7.042	2.581	0.076
都参加	684	33.81	6.579		

注：$p<0.01$ 表示差异具有非常显著性，$p<0.05$ 表示差异具有显著性。

2）参加开放式项目和闭锁式项目的大学生在空间智能上的比较

多因素方差分析的结果（表 2-3-40）表明：参加开放式项目和闭锁式项目的大学生在空间智能得分上主效应差异不显著（$p>0.05$）；不同程度和不同项目之间交互作用不显著（$F=0.706$, $p=0.588$）。

表 2-3-40 参加开放式项目和闭锁式项目的大学生空间智能得分的方差分析

运动项目	人数	平均值	标准差	F	p
只参加开放式项目	366	24.80	5.602		
只参加闭锁式项目	403	25.94	5.477	2.392	0.092
都参加	684	25.53	5.362		

注：$p<0.01$ 表示差异具有非常显著性，$p<0.05$ 表示差异具有显著性。

3）参加开放式项目和闭锁式项目的大学生在内省智能上的比较

多因素方差分析的结果（表 2-3-41）表明：开放式项目和闭锁式项目都参加

的大学生在内省智能得分上主效应差异显著（$p<0.05$），参加闭锁式项目的大学生内省智能得分高于参加开放式项目的大学生；不同程度和不同项目之间交互作用不显著（$F=0.797$，$p=0.527$）。

表 2-3-41　参加开放式项目和闭锁式项目的大学生内省智能得分的方差分析

运动项目	人数	平均值	标准差	F	p
只参加开放式项目	366	43.84	7.069		
只参加闭锁式项目	403	44.80	6.353	4.096	0.017
都参加	684	45.14	6.337		

注：$p<0.01$ 表示差异具有非常显著性，$p<0.05$ 表示差异具有显著性。

3. 技能表现类项目和技能对抗类项目

技能表现类项目是在运动中力求完成有难度的精彩运动，并同时着力展示运动美、人体美的所有项目。技能对抗类项目包括三个项群：运动时用网将双方选手隔开，各据一方徒手或持器械击球竞技的项目被称为隔网对抗性项目；双方选手在同一块场地上追逐争夺，以将球射投入对方特定网区中得分的项目被称为同场对抗性项目；而以对方的躯体为攻击对象，双人进行格斗的项目被称为格斗对抗性项目。本研究中大学生主要参与的技能对抗类项目主要指前两类，即隔网对抗性项目和同场对抗性项目。根据技能表现类项目和技能对抗类项目的运动特点推测，两种运动项目的运动参与者可能会在空间、音乐两种智能因素的得分上存在差异。

1）参加技能表现类项目和技能对抗类项目的大学生在空间智能上的比较

多因素方差分析的结果（表 2-3-42）表明：参加技能表现类项目和技能对抗类项目的大学生在空间智能得分上主效应差异非常显著（$p<0.01$），只参加技能对抗类项目的大学生空间智能得分的均值为 25.09，低于另外两组；不同程度和不同项目之间交互作用不显著（$F=1.696$，$p=0.149$）。

表 2-3-42　参加技能表现类和技能对抗类项目的大学生空间智能得分的方差分析

运动项目	人数	平均值	标准差	F	p
只参加技能对抗类项目	953	25.09	5.417		
只参加技能表现类项目	103	27.80	5.865	12.883	0.000
都参加	97	27.05	5.540		

注：$p<0.01$ 表示差异具有非常显著性，$p<0.05$ 表示差异具有显著性。

2）参加技能表现类项目和技能对抗类项目的大学生在音乐智能上的比较

多因素方差分析的结果（表 2-3-43）表明：参加技能表现类项目和技能对抗类项目的大学生在音乐智能得分上主效应差异非常显著（$p<0.01$），只参加技能对抗类项目的大学生音乐智能得分的均值低于只参加技能表现类项目的大学生；不同程度和不同项目之间交互作用不显著（$F=0.430$，$p=0.787$）。

表 2-3-43　参加技能表现类和技能对抗类项目的大学生音乐智能得分的方差分析

运动项目	人数	平均值	标准差	F	p
只参加技能表现类项目	103	43.27	9.958		
只参加技能对抗类项目	953	38.44	9.924	11.808	0.000
都参加	97	42.06	9.906		

注：$p<0.01$ 表示差异具有非常显著性，$p<0.05$ 表示差异具有显著性。

3.3　分析和讨论

3.3.1　运动参与和多元智能

数据结果显示：参加运动的大学生在八种智能因素上的得分均值显著高于不参加运动的大学生。虽然无法证明究竟是运动促进了多元智能的发展，还是多元智能水平高的大学生更愿意参加运动，但作为一项横截面的研究，可以证明大学生的运动参与和多元智能之间存在显著的正相关关系。

运动参与是一个广义的概念，包含很多内容和场景，是在自然环境或人造运动环境中，通过与他人互动进行的社会性行为。运动参与的体验十分丰富，在这一过程中，运动者时常会体验到竞争与合作，成功与失败，情感的跌宕起伏，对于时间分秒必争，以及对于空间距离的判断，等等。因此，运动参与对语言、交际、内省、自然、空间等都会产生影响。例如，需要集体配合达成目标的足球、篮球、排球，需要冷静迅速决策的乒乓球、羽毛球、网球，伴随音乐进行的体操、舞蹈、瑜伽等项目，以及亲近自然的户外运动等。因此，运动参与对大学生的影响不只局限在运动智能方面，对人的整体智能也会有积极的作用。研究结果印证了古希腊的著名格言："如果你想聪明，跑步吧！如果你想强壮，跑步吧！如果你想健康，跑步吧！"

在当今时代，体育运动的大众性使其成为一个独特的领域，是集竞技性、观赏性、娱乐性于一身的公众休闲手段，科学技术的迅速发展使人们的自由时间大大增加，使人类获得更广阔的精神活动空间[①]。大学生参与运动多是出于娱乐的目的，运动的竞争性在具体的行为中仍然存在，但在运动行为中"比赛"多是一场游戏。"游戏性的体育"是自由的、有创造性的、愉快的人类活动，它因参与者遵守游戏规则而与现实生活有所区别。它既有明确的目标定位，也有非功利性的随意，是人类生活中独特的体验，源自生活，也超越真实[②]。因此，这些游戏的结果并不重要，其中文化的价值才是显而易见的，游戏的格调越高，就越能提升个体生命或群体生命的进展程度，游戏也就越能够成为文明的一部分[③]。

社会的多元化是人类文明进步的直接体现，也对人类的生产生活提出了更高的要求。体育作为教育的手段和重要组成部分，应该扮演更重要的角色，而本研究为运动扮演这一角色的可行性提供了依据。

3.3.2 不同程度运动参与和多元智能

在运动与认知能力的相关性被普遍认可的同时，很多学者提到了"剂量效应"的问题，本研究试图通过对运动参与程度不同的人群进行对比，以考查不同"剂量"的运动和多元智能的相关性。研究发现，运动参与程度不同的三个组别在运动、交际、内省、自然四种智能因素上组间差异显著。在适度参与的条件下（业余运动水平），运动参与程度越高，参与者在相关智能因素上的得分均值越高，表明运动、交际、内省、自然四种维度的智能与运动参与的相关性更强。

体育社会学认为体育社会化不仅可以提高人们对身体、休闲、生命、环境和体育的认识，形成正确的体育价值观念，还可以在内化规范、道德等过程中，认识到社会上的各种竞争活动的意义[④]，而交际和内省智能所表现的能力正是认识社会与了解自己。自然智能也被称为博物学家智能，它所表现的能力是区分周围环境中许多植物和动物的物种，目前尚没有足够的理论证据可以说明这种能力与运动之间的关系，也许户外运动可能会增强人们对自然环境的亲近感和激发他们的

---

① 王岗. 体育的文化真实[M]. 北京：北京体育大学出版社，2007.
② 于涛，等. 体育哲学研究[M]. 北京：北京体育大学出版社，2009.
③ HUIZINGA J. Homo ludens: a study of the play-element in culture[M]. Boston: Beacon Press, 1955.
④ 卢元镇. 中国体育社会学评说[M]. 北京：北京体育大学出版社，2003.

◇◇ 运动参与和多元智能

好奇心，而大学生们的运动参与场所也主要是户外。

在语言、数学、空间、音乐等智能因素上，运动参与程度的影响相对有限。可能的解释是，因为时间和精力有限，所以参加运动较多会使被试者减少在相应领域的学习和发展，运动的效益也随着运动量的增加而降低了。例如，经常参加运动的学生在音乐智能上的得分均值要低于有时参加运动的学生，在语言智能上的得分均值和有时参加运动的学生相差无几。在课余时间一定的前提下，如果大学生所选择的运动中不存在可提供相关智能因素发展的情境，就会减少其在音乐和语言方面的投入，而音乐和语言等方面的发展恰恰是需要长时间的熏陶与积累的。从这一点来说，统计结果是符合实际情况的。

3.3.3 不同类型运动项目和多元智能

1. 集体项目/个人项目和多元智能

同个人项目相比，集体项目在运动过程中更强调团队协作、队友间的交流、目标的一致性、场上复杂形势的判断等。由于现有的关于足球、篮球、排球的校园体育研究都集中关注青年运动员的选拔和培养，认为非体育专业学生参与足球、篮球、排球运动的目的和功效无非提高身体素质、丰富课余生活，几乎不会关注这些运动对于智能发展的作用[1][2][3]。因此，本研究的假设只能基于一些通常概念中的认知。例如，人们通常会认为运动参与者在集体项目中，会更多地发展数学智能、交际智能；而参与个人项目会更多地发展内省智能。

本研究的数据结果表明：参加个人项目的大学生在交际智能和内省智能两个维度上的评测分数均高于参加集体项目的大学生，此研究结果似乎与人们通常的认识相悖。对此，研究者认为不论是集体项目还是个人项目，都是在人与人之间的社会互动中进行的，运动对于青年学生的社会化影响具有普遍性，这种影响在一定程度上超越了项目本身的特性。具体来说，很多大学生虽然参与的是个人项目，但是会和朋友、同学一起参与，并且彼此在运动程度和运动方式上相互影响，如一起游泳、跑步、打羽毛球等。这种参与方式使大学生在个人运动中产生了更多的交际和互动。反而是足球等配合类项目由于需要更多的人参与，课外参与中通常会和很多陌生人组队和对抗，彼此间的交流是有限的。

---

[1] 张庆春. 青少年足球训练理念与实践[M]. 北京：北京体育大学出版社，2008.
[2] 潘迎旭. 中国排球运动的可持续发展研究[M]. 北京：北京体育大学出版社，2007.
[3] 谭朕斌. 篮球运动基本理论与实践研究[M]. 北京：北京体育大学出版社，2007.

在数学智能因素上，参加集体项目的大学生在智能水平上显著高于参加个人项目的大学生，说明集体项目之间的配合和对球的处理可能有助于培养逻辑能力。以足球项目为例，参与者在比赛过程中，不仅要具备身体运动的能力，还要对场上复杂的形势做出迅速的判断，通过观察距离、空间位置关系、角度等要素"直觉"出处理球的力量和路线，这些能力是在长期的特定场景中通过对各种大前提和小前提的迅速判断而"无意识"培养起来的推理能力，而这种推理能力正是数学智能的核心部分。这样的研究结果和项群理论对运动类别的划分依据是一致的，足球、篮球、排球、棒垒球皆属于技能主导类、多元动作结构的运动项目，它们的运动特征中都包括观察记忆能力、抽象思维能力和临场创造能力等智能因素，而跑步、游泳等体能主导类、单一动作结构的运动项目对这些智能特征的要求则相对较低。

在内省智能因素上，参加集体项目的大学生在智能水平上显著低于参加个人项目的大学生，符合人们通常对个人项目的认识。这说明个人项目的运动情境对于参与者养成自我反思、自我约束、自我控制的行为习惯是有益的。

2. 开放式项目/闭锁式项目和多元智能

在运动分类中可以发现：开放式项目包括集体开放式项目和个人开放式项目，闭锁式项目皆为个人闭锁式项目，两种分类之间的差异在于个人开放式项目（乒乓球、羽毛球、网球）。样本选择运动项目为多选，因此很难进行三组的多重比较，但从研究结果中可以发现：如果将以足球、篮球、排球为代表的集体开放式项目单独比照以乒乓球、羽毛球、网球为代表的个人开放式项目加上以游泳、健身类为代表的个人闭锁式运动，则在数学智能的得分上前者显著高于后者；而如果将以乒乓球、羽毛球、网球为代表的个人开放式项目和以足球、篮球、排球为代表的集体开放式项目放在一起，比照以游泳、健身类为代表的个人闭锁式项目，则在数学智能的得分上没有显著差异。由此可以认为以足球、篮球、排球为代表的集体开放式项目对数学智能的影响更大；而以乒乓球、羽毛球、网球为代表的个人开放式项目，大学生参与运动的水平普遍较低、对抗性较弱，多体现一种游戏性，因此对数学智能的影响也相对有限。这一结论还有待做进一步验证性的研究。

一般而言，闭锁式项目的游戏性不足，如游泳、跑步、健身器械类。愿意选择参加此类运动的大学生通常具有更强的目的性，有明确发展自己某种运动能力的需求，相比参加集体项目的大学生更能够忍受无聊和无趣。另有研究证明：调

◇◇ 运动参与和多元智能

节焦虑和抑郁情绪的有效手段就是跑步[①]或者游泳[②]。培养这种自我调控情绪的能力也在内省智能因素的范围之内，因此选择参加这类运动的大学生在内省智能的得分上自然相对较高。

3. 技能表现类项目/技能对抗类项目和多元智能

技能表现类项目包括健美操、舞蹈、街舞、瑜伽等，在项群理论中皆属于技能主导类表现难美性的项目。项群理论认为难美性项群运动员感知觉灵敏度高，善于自我调节，具有果敢精神，在智能上具有丰富的想象力和创造力，善于分析和判断动作。这类运动是建立在美学等学科理论指导下的人体运动方式，要求动作美观大方、准确到位，讲究造型美、姿态美、音乐美、服饰美、精神美；讲求有效地训练身体各部位的正确姿势，使人体匀称、和谐地发展，培养健美的体形和风度，因此更具有健身的实效性[③]。

技能对抗类项目包括两个部分：隔网对抗类和同场对抗类。隔网对抗类项目包括乒乓球、羽毛球、网球、排球，技战术在本项群各个项目所要求的运动能力中起着决定性的作用。技术的要求是熟练、准确而实用，既要全面掌握又要突出特长；战术特征表现为战术方法、比赛阵形和比赛意识有机结合，整体攻防战术协调发展，个人、组合与全队战术协调发展。同场对抗类项目包括足球、篮球、排球等团队运动，本项群的特点是各种技术动作交替使用，要求参与者能够对场上情势有迅速、准确的判断；在场上一旦失误就会给对方留有得分机会，因此要求参与者具备良好的敢斗意识和自我控制能力；而球速快、变化多的特点，又要求参与者具备良好的时空知觉、反应速度和集中注意力的能力。这类运动在智能方面的要求较高，参与者需要灵活地应付和处理场上各种复杂情况，还需要具有丰富的专业理论知识和临场经验。

研究结果显示：技能表现类项目在三种智能因素上的评测得分显著高于技能对抗类项目。在技能表现类项目中，大学生在学习和练习自己的动作表现过程中会提高对线条、形状、空间的敏感性，而在乒乓球、羽毛球、网球类运动中对这种能力的发展并不明显；技能表现类项目通常伴随音乐进行，对于音乐素养的提升具有一定帮助，音乐智能水平较高的群体也更愿意参加这类运动。

---

① 郝锦亮，李海军，杜晓兵. 田径运动健身科学原理与实践运用[M]. 长春：吉林大学出版社，2012.
② LIU W, XU Y, LU J, et al. Swimming exercise ameliorates depression-like behaviors induced by prenatal exposure to glucocorticoids in rats[J]. Neuroscience letters, 2012, 524(2): 119-123.
③ 刘月花，李芬花，赵岚. 高校时尚健美操的教学与实践[M]. 长春：吉林大学出版社，2012.

技能表现类项目是体育与艺术的结合，其丰富的内涵和对情、境、意、象的演绎能够更生动地表达人体美、运动美[1]，进而引起运动感、肌肉感、时空感、立体感，这使参与者在自身审美活动中产生良性循环[2]。如果说音乐智能和空间智能都代表我们通常认知中的艺术细胞和审美能力，那么技能表现类项目正是这两种智能与运动智能有效互动的情境[3]，在这种情境下，参与者在艺术和运动方面的智能因素被同时调动并互相促进。

---

[1] 樊莲香. 难美项群中身体动作表现研究[M]. 北京：北京体育大学出版社，2012.
[2] 胡小明. 体育美学[M]. 北京：高等教育出版社，2009.
[3] KOSIEWICZ J. Sport and art: differences and theatrical similarities[J]. Physical culture and sport studies and research, 2014, 63(1): 69-87.

4 结　　语

4.1　研究结论

4.1.1　完成大学生多元智能量表的设计

本研究编制的大学生多元智能自我评定量表具有良好的信效度，包括语言、数学、运动、空间、音乐、交际、内省和自然八种智力因素，可作为智力评测工具考查大学生的多元智能倾向及其发展水平。

多元智能理论各智力因素具有相对独立性，其中数学智力、运动智力和音乐智力的独立性较高。

4.1.2　运动参与对大学生的多元智能发展具有积极影响

在适度参与的条件下，运动智能、交际智能、内省智能、自然智能与大学生的运动参与程度具有相对更高的正相关。

大学生参加个人项目、闭锁式项目会更有益于促进内省智力的发展。

大学生参加集体项目更有益于促进数学智力的发展。

大学生参加技能表现类项目更有益于促进空间智力和音乐智力的发展。

4.2　研究创新

本研究的创新表现在：通过大样本研究编制了适用于我国大学生的多元智能自我评定量表，量表具有良好的信效度；探讨了多元智能各因素的独立性和相关性，为多元智能理论的发展提供了重要参考；应用大学生多元智能量表探讨了运动参与和多元智能之间的关系，全面地对比了参加集体项目和个人项目、开放式项目和闭锁式项目、技能表现类项目和技能对抗类项目的参与者在多元智能上的差异，为运动参与促进大学生多元智能发展提供了有力的理论依据。

4.3 研究展望

　　量表的研究和修订是一个漫长的过程，多元智能量表将被应用到更多的研究中，也将在更多的研究领域发挥重要作用。因此在今后的研究中，需要不断发现和探讨以严谨地修正量表的内容，使其更加科学和规范。

　　有关运动和多元智能关系的研究仍需要在现有的大样本横截面研究上添加有时间跨度的纵向研究，以便更清楚地解析运动在其间对多元智能的影响。纵向研究过于耗时耗力，因此在国内外现有研究中并不多见，但确是未来研究中不可缺少的补充。

　　现有的研究成果对大学生的运动参与选择和学校体育教学具有重要借鉴意义，如何将这些研究结论推广于学校体育和运动参与的研究领域中，是下一个需要解决的课题。大学生运动学习的收益不应当局限于身体的发展和技术的学习，本研究的理论有助于帮助大学生在运动中获得更多的智力因素，使运动收益多元化。

附　　录

附录1　"大学生多元智能水平调查量表"专家意见表

尊敬的专家：

您好！我是北京师范大学"大学生多元智能水平调查"课题组成员。首先感谢您在百忙之中抽空阅读我们的意见表并提出修改意见。本课题组正在制定"大学生多元智能量表"，您的宝贵意见将为我们提供经验和指导。

大学生多元智能水平调查基于美国哈佛大学教育研究院的心理发展学家霍华德·加德纳的多元智能理论，该理论将智能分成以下八个维度：语言智能、数学智能、运动智能、空间智能、音乐智能、交际智能、内省智能、自然智能。

请阅读以下题目，判断这些题目是否适合用来测量大学生的多元智能水平，在对应的空格内打"√"（所有问题只选择一个答案）。另请在结尾提出修改意见。感谢您的殷切指导！

1. 语言智能（Verbal/linguistic Intelligence）

语言智能指听、说、读、写的能力，表现为个人能够顺利而高效地利用语言描述事件、表达思想并与人交流的能力。

一级指标	二级指标	不相关	弱相关	较强相关	强相关
语言理解能力（听、读）	读自己喜欢的书是我生活里的重要组成部分				
	我能够快速地领会作者想要表达的思想				
	我能够感受到诗歌的意境				
	我很少遇见生僻字				
	理解方言对我来说很容易				
	我能够很容易地记住名言警句				

续表

一级指标	二级指标	不相关	弱相关	较强相关	强相关
语言表达能力（说、写）	我能够写出令自己满意的文学作品				
	我书写流畅				
	我擅于引经据典				
	我擅长说绕口令				
	我喜欢讨论或辩论				
	我善于讲故事				
	我能够清楚地表达自己的感受				
	学习语言对我来说是件轻松而快乐的事				
您对语言智能因素题目的整体评价					

您对语言智能的修改意见：

2. 数学智能（Logical/Mathematical Intelligence）

数学智能指运算和推理的能力，表现为对事物间各种关系（如类比关系、对比关系、因果关系和逻辑关系等）的敏感及通过数理运算和逻辑推理等进行思维的能力。

一级指标	二级指标	不相关	弱相关	较强相关	强相关
运算能力	数学是我的强项				
	需要计算时，我能保持清晰的思路				
	我的估算经常是准确的				
	我的心算速度较快				
逻辑组织能力	我喜欢智力游戏或需要逻辑思维的游戏				
	我说话办事讲求逻辑				
	我擅长理科				
	我经常能找到最简洁的办法来解决问题				
	我生活的空间是井井有条的				

◇ 运动参与和多元智能

续表

一级指标	二级指标	不相关	弱相关	较强相关	强相关
分析能力	我对科学新发现的原理感兴趣				
	我习惯用含有数字的信息来解释问题或说明立场				
	我对计算机的内部运行程序感兴趣				
	我总是想要弄清"为什么"				
	我对科学试验很着迷				
您对数学智能因素题目的整体评价					

您对数学智能的修改意见：

3. 运动智能（Bodily/Kinesthetic Intelligence）

运动智能指运用四肢和躯干的能力，表现为能够较好地控制自己的身体、对事件能够做出恰当的身体反应及善于利用身体语言来表达自己的思想和情感的能力。

一级指标	二级指标	不相关	弱相关	较强相关	强相关
身体感知能力	我能通过身体活动获取灵感				
	我善于模仿别人的身体动作				
	体操或舞蹈是我所擅长的				
	在身体失去平衡时，我总能够有效避免受伤				
整体运动能力	我很容易就能学会一项新的运动技能				
	我有热爱并擅长的运动项目				
	我动作敏捷				
	我有很好的柔韧性				
	我有力量				
	我有很好的身体平衡能力				

续表

一级指标	二级指标	不相关	弱相关	较强相关	强相关
精细运动	我扔东西扔得准				
	我手脚配合默契				
	我有一双灵巧的手				
	我眼疾手快				
	您对运动智能因素题目的整体评价				

您对运动智能的修改意见：

4. 空间智能（Visual/Spatial Intelligence）

空间智能指感受、辨别、记忆和改变物体的空间关系并借此表达思想及感情的能力，表现为对线条、形状、结构、色彩和空间关系的敏感，以及通过平面图形和立体造型将它们表现出来的能力。

一级指标	二级指标	不相关	弱相关	较强相关	强相关
空间辨认	我善于区分各种颜色				
	我对自己曾经去过的地方记忆犹新				
	我有很好的方向感				
	我能够很好地运用地图寻找目的地				
	我能够理解绘画或雕塑里所表达的思想内容				
	我能够评判摄影作品				
	我喜欢带有图片的书籍和材料				
空间运用	我善于搭配色彩				
	我能够很轻松地构想出一个事物或场景				
	我擅长摄影				
	我知道如何用画面来表达思想				

◇ 运动参与和多元智能

续表

一级指标	二级指标	不相关	弱相关	较强相关	强相关
空间运用	我擅长绘画				
	我经常通过画图来帮助思考				
	我擅于用图、表等代替语言文字描述数据				
	您对空间智能因素题目的整体评价				

您对空间智能的修改意见：

5. 音乐智能（Musical/Rhythmic Intelligence）

音乐智能指感受、辨别、记忆、改变和表达音乐的能力，表现为个人对音乐包括节奏、音调、音色和旋律的敏感，以及通过作曲、演奏和歌唱等表达音乐的能力。

一级指标	二级指标	不相关	弱相关	较强相关	强相关
节奏感知	我能准确地随着音乐打拍子				
	我在随着音乐跳操或跳舞时能准确地找到节拍				
音高感知	我能很清楚地发现别人唱歌时走音				
	一首歌曲或乐曲听1～2遍，我就能准确地唱出或哼出				
	我能够分辨出音乐作品中的高音部分和低音部分				
音乐欣赏	我对音乐的鉴赏能力强				
	我能分辨常见乐器演奏的声音				
	我能感受到音乐所要传达的情绪				
	我喜欢谈论音乐方面的事情				
	我喜欢收藏有关音乐的音像制品				

续表

一级指标	二级指标	不相关	弱相关	较强相关	强相关
音乐灵性	我能从音乐中寻找学习或工作的灵感				
	我可以创作自己的音乐				
音乐表现	同学和朋友都夸我唱歌好听				
	我擅长一种甚至多种乐器				
	您对音乐智能因素题目的整体评价				

您对音乐智能的修改意见：

6. 交际智能（Inter-personal Intelligence）

交际智能指与人相处和交往的能力，表现为觉察、体验他人情绪、情感和意图并据此做出适宜反应的能力。

一级指标	二级指标	不相关	弱相关	较强相关	强相关
人际觉察能力	我擅于观察同学和朋友之间的微妙关系				
	我经常换位思考				
	我擅于察言观色				
	我能听出别人的言外之意				
	我总是能够找到可以帮助我的人				
	我喜欢参加群体活动				
人际协调能力	我周围的同学和朋友时常请我帮忙				
	与别人意见不同时，我能有效地沟通与协调				
	我能帮助别人化解矛盾				
	我认为交个朋友很容易				
	我的朋友很多				

◇ 运动参与和多元智能

续表

一级指标	二级指标	不相关	弱相关	较强相关	强相关
人际协调能力	我的同学和朋友认为我有号召力与领导才能				
	我能主动关心别人				
	我总能赢得大家的喜爱和尊重				
	您对交际智能因素的整体评价				

您对交际智能的修改意见：

7. 内省智能（Intra-personal Intelligence）

内省智能指认识、洞察和反省自身的能力，表现为能够正确地意识和评价自身的情绪、动机、欲望、个性、意志，并在正确的自我意识和自我评价的基础上形成自尊、自律、自制的能力。

一级指标	二级指标	不相关	弱相关	较强相关	强相关
自我感知	我很清楚自己的个性				
	我很清楚自己对于未来的期望				
	我清楚自己在群体中的位置和角色				
	我看到别人的缺点会反思自己				
	我清楚地知道自己的长处				
	我会思考自己的人生				
	我常常能预感到所做事情的结果				
自我调节	面对挫折，我能够保持乐观的心态				
	我能够基于现实情况为自己设置生活的目标				
	冲突过后，我会冷静地反省自己				
	我能够克服自己的缺点				
	我能够很容易地集中自己的注意力				

续表

一级指标	二级指标	不相关	弱相关	较强相关	强相关
自我调节	我意志坚强				
	在苦闷时，我总能找到很好的排遣方式				
	您对内省智能因素题目的整体评价				

您对内省智能的修改意见：

8. 自然智能（Naturalist Intelligence）

自然智能指个体辨别环境（不仅是自然环境，还包括人造环境）的特征并加以分类和利用的能力。

一级指标	二级指标	不相关	弱相关	较强相关	强相关
自然识别	我能够观察到植物成长时表现出的细微变化				
	我能分辨多种花草树木				
	我熟悉多种花朵的味道				
	我能辨认多种动物				
	我很熟悉名山、大川等				
	地理是我喜欢的一门学科				
自然互动	我喜欢到大自然中进行户外活动，如登山、露营和漂流等				
	我喜欢欣赏自然景象				
	我关心环境变化并积极参与自然环境保护				
	我和小动物相处融洽				
	我懂得如何训练宠物				

◇ 运动参与和多元智能

续表

一级指标	二级指标	不相关	弱相关	较强相关	强相关
	我喜欢以大自然为主题的电影、音乐、摄影、美术或文学作品				
	我擅于种植花草树木				
	在烹饪时，我擅于对蔬菜进行搭配				
	您对自然智能因素题目的整体评价				

您对自然智能的修改意见：

请您对本量表的整体表现进行分数评价（满分为10分）：

再次感谢您的帮助！

附录2　运动参与和大学生多元智能水平调查问卷（初测版）

亲爱的同学：

你好！

我是北京师范大学体育与运动学院博士研究生，希望通过此问卷了解大学生的运动参与情况和多元智能发展水平。问卷的结果只作为团体统计使用，采用无记名答题，不对个人做评价，请根据你自己的情况回答以下问题，无须有所顾虑。

问卷中的每道题均有五个等级，分别是"完全不符合""较不符合""一般符合""比较符合""完全符合"。请认真阅读每道题，并按照你的实际行为表现在对应的空格内打"√"。

谢谢你的合作。（除提示外，所有问题只选择一个答案）

1．你的性别：

①男　　　　②女

2．你目前是大学：

①一年级　　②二年级　　③三年级　　④四年级

3．你的专业：

①文科类　　②理科类　　③工科类　　④商科类

⑤体育类　　⑥艺术类　　⑦其他（请填写）_____

4．除体育课外，你平时参加体育活动吗？

①参加　　　②不参加

如果你参加体育活动，则请回答5～8题。

5．<u>除体育课外</u>，你最近半年参加体育活动的频率是：

①从不参加　　②每三周以上才会有一次　　③每两到三周一次

④每周一次　　⑤每周两次　　⑥每周三次　　⑦每周三次以上

6．你平均每次参加锻炼的时间是：

①从不参加　　②30分钟以内　　③30分钟至1小时

④1～2小时　　⑤2小时及以上

运动参与和多元智能

7. 你平均每次锻炼的运动量是：

①不出汗（小强度）　　②微微出汗（中强度）

③出汗较多（大强度）　　④大量出汗（剧烈强度）

8. 你主要参加的体育活动是（可多选）：

①足球　　②篮球　　③排球　　④棒垒球

⑤体操　　⑥瑜伽　　⑦健美　　⑧游泳

⑨乒乓球　　⑩羽毛球　　⑪网球　　⑫跑步

⑬攀岩　　⑭野外生存　　⑮轮滑　　⑯街舞

⑰跆拳道　　⑱武术　　⑲其他（请填写）_____

你的表现	完全不符合	较不符合	一般符合	比较符合	完全符合
1. 我对文言文的理解能力强					
2. 数学是我的强项					
3. 我能通过身体活动获取灵感					
4. 我善于区分各种颜色					
5. 我能准确地随着音乐打拍子					
6. 我擅于观察同学和朋友之间的微妙关系					
7. 我很清楚自己的个性					
8. 我能够观察到植物成长时表现出的细微变化					
9. 我认为阅读是一件轻松而快乐的事					
10. 需要计算时，我能保持清晰的思路					
11. 我善于模仿别人的身体动作					
12. 我对自己曾经去过的地方记忆犹新					
13. 我在随着音乐跳操或跳舞时能准确地找到节拍					
14. 我经常换位思考					
15. 我很清楚自己对于未来的期望					
16. 我能分辨多种花草树木					
17. 我能够快速地领会作者想要表达的思想					
18. 我的估算经常是准确的					
19. 我热衷于健美操和舞蹈					
20. 我有很好的方向感					
21. 我能很清楚地发现别人唱歌时走音					

续表

你的表现	完全不符合	较不符合	一般符合	比较符合	完全符合
22．我擅于察言观色					
23．我清楚自己在群体中的位置和角色					
24．我熟悉多种花朵的味道					
25．我能够感受到诗歌的意境					
26．我的心算速度较快					
27．我很容易就能学会一项新的运动技能					
28．我能够很好地运用地图寻找目的地					
29．一首歌曲或乐曲听1～2遍，我就能准确地唱出或哼出					
30．我看到别人的缺点会反思自己					
31．在同学和亲朋好友中，我很清楚自己的位置和角色					
32．我能辨认多种动物					
33．我很少遇见生僻字					
34．我喜欢智力游戏或需要逻辑思维的游戏					
35．在身体失去平衡时，我总能够有效避免受伤					
36．我能够理解绘画或雕塑里所表达的思想内容					
37．我能够分辨出音乐作品中的高音部分和低音部分					
38．我能听出别人的言外之意					
39．我清楚地知道自己的长处					
40．我很熟悉名山、大川等					
41．理解其他地区的方言对我来说很容易					
42．我说话办事讲求逻辑					
43．我有热爱并擅长的运动项目					
44．我能够评判摄影作品					
45．我对音乐的鉴赏能力强					
46．我很清楚自己的人际关系状况					
47．我会思考自己的人生					
48．地理是我喜欢的一门学科					
49．我能够很容易地记住名言警句					

续表

你的表现	完全不符合	较不符合	一般符合	比较符合	完全符合
50. 我擅长理科					
51. 我动作敏捷					
52. 我缺乏方向感					
53. 我能分辨常见乐器演奏的声音					
54. 我周围的同学和朋友时常请我帮忙					
55. 我常常能预感到所做事情的结果					
56. 我喜欢到大自然中进行户外活动，如登山、露营和漂流等					
57. 我能够写出令自己满意的文学作品					
58. 我经常能找到更简洁的办法来解决问题					
59. 我有很好的柔韧性					
60. 我善于搭配色彩					
61. 我能感受到音乐所要传达的情绪					
62. 与别人意见不同时，我能有效地沟通与协调					
63. 面对挫折，我能够保持乐观的心态					
64. 我喜欢欣赏自然景象					
65. 我书写流畅					
66. 我对生活的安排是井井有条的					
67. 我有运动天赋					
68. 我能够很轻松地构想出一个事物或场景					
69. 我喜欢谈论音乐方面的事情					
70. 我能帮助别人化解矛盾					
71. 我能够基于现实情况为自己设置生活的目标					
72. 我关心环境变化并积极参与自然环境保护					
73. 我擅于引经据典					
74. 我对科学新发现的原理感兴趣					
75. 我有很好的身体平衡能力					
76. 我擅长摄影					
77. 我喜欢收藏有关音乐的音像制品					
78. 我总是能够找到可以帮助我的人					

续表

你的表现	完全不符合	较不符合	一般符合	比较符合	完全符合
79．冲突过后，我会冷静地反省自己					
80．我喜欢小动物					
81．我擅长说绕口令					
82．我习惯用含有数字的信息来解释问题或说明立场					
83．我扔东西扔得准					
84．我知道如何用画面来表达思想					
85．我能从音乐中寻找学习或工作的灵感					
86．我的朋友很多					
87．我能够克服自己的缺点					
88．我懂得如何训练宠物					
89．我在讨论和辩论中很自如					
90．我总是想要弄清"为什么"					
91．我手脚配合默契					
92．我擅长绘画					
93．我能从音乐中寻找生活的力量					
94．我的同学和朋友认为我有号召力与领导才能					
95．我能够很容易地集中自己的注意力					
96．我喜欢以大自然为主题的电影、音乐、摄影、美术或文学作品					
97．我善于讲故事					
98．我对科学试验很着迷					
99．我有一双灵巧的手					
100．我经常通过画图来帮助思考					
101．同学和朋友都夸我唱歌好听					
102．我能主动关心别人					
103．我意志坚强					
104．我擅于种植花草树木					
105．我能够清楚地表达自己的感情					
106．我对计算机的内部运行程序感兴趣					
107．我缺乏运动天赋					

◇ 运动参与和多元智能

续表

你的表现	完全不符合	较不符合	一般符合	比较符合	完全符合
108. 我擅于用图、表等代替语言文字描述数据					
109. 我擅长一种甚至多种乐器					
110. 我总能赢得大家的喜爱和尊重					
111. 在苦闷时，我总能找到很好的排遣方式					
112. 在烹饪时，我擅于对蔬菜进行搭配					

第3部分

运动参与和高中生多元智能关系的研究

本研究以多元智能理论为基础，运用文献资料分析法及专家访谈法，结合高中生的实际生活、学习情况编制多元智能评定量表，通过量表反映高中生多元智能水平。本研究通过问卷调查，筛选出796份有效问卷，运用SPSS24.0和AMOS24.0对收集到的有效问卷进行统计与分析，检验问卷信度和结构效度。在遵循理论要求和模型建构原则的前提下，对模型进行修正以达到适配指数要求，最终确定了八个维度的多元智能量表，在此基础上对研究样本进行进一步分析。

研究发现，高中生的各种智能维度之间都存在相关性。从整体来看，各个维度之间普遍存在中低度的相关关系。其中，数学智能、空间智能与其他智能之间都存在低度相关，交际智能与语言智能、运动智能、空间智能和内省智能之间存在中度相关，其他智能之间只存在低度相关。

参加运动的高中生在各种智能维度上表现出更高的水平：①在八种智能维度上，参加运动的高中生与不参加运动的高中生存在显著差异；②运动频率不同的高中生，在运动智能上存在显著差异，但在其他七种智能维度上并无明显差异；③不参加运动的高中生、不经常参加运动的高中生和经常参加运动的高中生，在音乐智能的发展水平上差异不显著；④参加个人项目的高中生和参加集体项目的高中生在内省智能上存在显著差异，参加个人项目的高中生得分更高，但在交际智能上无显著差异。

1 研究背景

人类已经进入科技革命时代，生活的方方面面都在发生深刻的变化，物联网、VR（Virtual Reality，虚拟现实）技术、大数据等许多看似遥远的概念渐渐渗透到人们的生活中。与此同时，"人工智能将取代人类工作"的言论一时间引起人们广泛的讨论。在这样的时代背景下，如何发掘自身的独特才能，保持竞争力，创新生存的本领，是人类不得不面临的现实问题。

体育运动是提高健康水平的重要途径，不仅仅关乎人的全面发展，更关乎国家发展、民族进步。这样的时代背景和发展要求为证明体育促进智能与个人全面发展提供了良好的契机。高中生身处人生的重要阶段，大部分时间用于学习，体育课常常作为"牺牲品"为学习让路。尽管教育改革不断地强调体育教学，保证学生的体育锻炼时间，但根深蒂固的观念一直对学校体育教学产生着负面影响，在一定程度上影响着学生的体育观。国内对于多元智能理论的研究，主要集中在理论本身和其对于教学实践的指导价值，缺少体育与多元智能理论关系的研究，但目前已经有学者开始研究体育与个人、群体的多元智能的关系。

虽然"运动有益"已经成为普遍共识，但体育运动究竟对学生有什么益处？运动参与是否真的对学生多元智能的发展有帮助？参加体育活动是否真的会促进学生的全面发展？这些问题仍然需要通过进一步研究来为"运动有益"提供更有力的科学依据。

1.1 研究意义

1.1.1 理论意义

多元智能理论传入我国已经有 30 年的时间了，本研究以此理论和相关研究成果为理论基础，按照心理学的研究程序和研究方法，编制高中生多元智能量表，作为高中生进行自我评价和自我认识的有效依据，丰富多元智能理论的研究内容。

通过编制的量表对高中生的运动参与状况进行调查、研究，观察高中生在语言、数学、运动、空间、音乐、交际、内省、自然八种智能方面的水平，并探究高中生各项智能之间的关系，建立运动参与和多元智能之间的量化关系。

1.1.2 实践意义

本研究将根据调查结果，以高中生运动参与的情况为基础，探讨高中生的运动参与和多元智能之间的关系，以及高中体育教育可能存在的问题，对固有的教学观念和教学方式提出一些意见。希望今后对于高中生的体育教育不仅关注运动项目教学，还能够逐渐重视体育运动的价值，关注身体与智能的结合。

本研究将以科学的调查数据论证体育对于高中生成长成才具有促进作用，呼吁学校在体育教学中不仅要关注课堂教学，还要对高中生课外运动参与情况加以科学有效的指导，鼓励学生积极参与各类体育活动，激发学生运动参与的热情，为学生的日常体育活动提供更多的平台和机会。同时，呼吁高中生正确对待运动参与和学习之间的关系，通过积极的运动参与激发自身的潜能，为自己未来的发展提供无限可能。

1.2 研究创新

目前有部分学者通过自制多元智能量表调查大学生和初中生群体的多元智能水平，但针对高中生的多元智能水平的研究尚不多见，也暂未发现成熟的高中生多元智能测试量表。

除此之外，分析运动参与对交际智能、内省智能的影响，以及高中生对体育课程的喜好与多元智能水平的关系将是本研究的创新之处。本研究将紧紧围绕八种智能的定义和评价标准，制定更加详细、广泛的评定量表，以期发现运动参与和高中生多元智能水平之间的更多关联。本研究将研究重点放在此处，希望能充分挖掘高中生的多元智能，为高中生全面评价自身水平提供依据，也为高中生职业规划、专业选择等问题提供可参考的依据，为他们的发展提供更多的可能。

2 研究设计

2.1 研究对象

本研究以北京市普通中学高一至高三学生的运动参与情况为研究对象。具体操作：选取八所中学，每个年级随机抽取一个班（班容量为30~40人），共计720~960人，通过问卷调查统计运动参与情况。

2.2 研究方法

本研究在对相关资料进行充分的分析和调查研究的基础上，将多元智能理论应用到具体的实践中，并通过实践结果丰富多元智能理论。

2.2.1 文献资料法

查阅加德纳教授的多元智能理论和有关运动参与的文献资料，主要书籍包括《多元智能理论》《多元智能新视野》《重构多元智能》等。同时查找以往学者们所做的相关研究，为编制量表奠定基础。

2.2.2 问卷调查法

本研究主要参考以下内容进行问卷设计：费辰光编制的大学生多元智能评定量表、多元智能理论、张国祥编制的多元智能量表、美国 Surfaquarium 咨询公司编制的多元智能问卷、美国 Catherine Hunt Strecker 编制的小学生多元智能量表。根据每种智能的定义和表现，为每个维度设置一级指标和二级指标，其中一级指标有2~5个，每个一级指标对应三个及以上的二级指标，不同维度根据指标情况确定不同的题目。

在研究多元智能理论的基础上，课题组设计各智能维度题库，并进行讨论修订，完成问卷的初步设计；咨询有关专家，完善结构；进行专家问卷调查，根据专家意见及时修订，再进行第二轮专家调查，认真总结专家对量表设计提出的意见和建议，并对量表进行更仔细、全面的修订。

在问卷初步修改完成后，从高中生中随机抽样，进行小样本 10 人测试，并征求意见，然后对量表进行再次修改。

运用自编的多元智能量表和高中生运动参与调查问卷，选取北京市八所中学的高一至高三学生进行调查，以探讨高中生运动参与和多元智能发展的关系。本研究通过体育课堂向北京市高中生发放有关多元智能的调查问卷，让学生在课堂上填写，由课题组成员或者体育教师负责回收问卷。

2.2.3 数理统计法

运用 SPSS24.0 和 AMOS24.0 对所收集到的问卷数据进行分析，检验问卷的信效度，观察各个智能维度之间的相关性，以及运动参与对各项智能水平的影响，以此为基础，分析探讨有关高中体育教育、高中生运动参与和高中生多元智能发展的情况等。

3 高中生多元智能量表的研制与检验

3.1 根据多元智能理论编制各个维度题目

国内已经有针对各个阶段学生研发的多元智能量表，其中张国祥教授 2007 年编制的多元智能量表是针对初中生和高中生设计的，但样本量较小，缺乏信效度，虽然无法直接使用，但仍可作为量表设计的重要参考之一。网络上出现的一些多元智能测试量表的信效度都有待确认，无法直接采用。除此之外，北京师范大学的费辰光在其硕士毕业论文中创编了大学生多元智能评定量表，为本研究设计多元智能问卷提供了借鉴。

3.1.1 构建一级指标

本研究多元智能量表的设计是以加德纳的多元智能理论为依据，根据其对八种智能内涵和行为表现的界定，充分考虑高中生的实际生活和阅读习惯而设计的。加德纳通过跟踪调查在某些领域中有突出成就的人，梳理总结了具备某种智能的人可能拥有的品质特性。本研究将把这些可观察的特性作为题目设置的主要参考指标，在此基础上制定相应的测量题目。

3.1.2 构建二级指标

根据加德纳梳理的各个智能呈现的行为特点和品质，在一级指标的基础上编写相应的可测量题目，构建出二级指标体系。每个一级指标对应三个及以上的二级指标。如果存在参考指标不够用的情况，则可进行局部的增减。

具备语言智能的人能够清楚地表达事件，理解他人语言的含义，运用语言或者文字完成与他人的沟通交流。作家、记者、律师、主持人等在语言智能方面通常有较为突出的表现。语言智能指标体系如表 3-3-1 所示。

表 3-3-1 语言智能指标体系

一级指标	二级指标
语言表达能力	1. 我在交谈中喜欢用成语或者歇后语 2. 我喜欢讲故事 3. 我能够比较清楚地表达自己的观点 4. 我擅长说绕口令 5. 我喜欢讨论或辩论，被同学们誉为"三寸不烂之舌" 6. 我能在公众场合发表演讲，如参加演讲比赛 7. 我善于说服他人 8. 我文笔流畅 9. 我喜欢写作，写作令我愉快
语言理解能力	10. 我喜欢用喜马拉雅等软件听小说、相声等语言类节目 11. 我能够很容易明白别人的指示、谈话内容及其言外之意 12. 我会利用课余时间读自己喜欢的书 13. 我对文言文的理解能力强 14. 我经常使用字典 15. 我擅长模仿别人说话 16. 我很容易就能学会方言 17. 我写作时，经常使用古诗词来表达观点

具备数学智能的人倾向于通过寻找事物的规律和逻辑顺序来思考及解决问题，喜欢寻找各种解决问题的途径，对于科学实验、科学原理感兴趣，更容易接受能够被测量、归类的事物。这种智能优异的人一般有以下两个特点：一是解决问题的速度快得惊人；二是答案在语言表达之前就已经产生。通常从事与数字、科学研究有关工作的人具备较强的数学智能。数学智能指标体系如表 3-3-2 所示。

表 3-3-2 数学智能指标体系

一级指标	二级指标
运算能力	1. 数学是我最喜爱的学科 2. 我的运算又快又准 3. 我解数学题速度很快，并且总能想到不同的解题思路 4. 我的心算速度快 5. 我擅长记忆数字，如电话号码、地址 6. 在日常生活中，我喜欢进行数字计算，如核对购物、餐饮小票金额

续表

一级指标	二级指标
逻辑与组织能力	7. 我喜欢分条、分点地记笔记 8. 我喜欢做拼图游戏 9. 我喜欢搜集相片、图画，并整理成册 10. 在考试或者测验前，我总是会计划如何复习 11. 我喜欢把事情或者东西分类 12. 我非常有好奇心，对一件事情的前因后果总刨根问底 13. 我习惯发现人们的言行中不合逻辑的地方 14. 我相信每个问题都有一个合乎逻辑的解释或者答案 15. 我喜欢玩需要逻辑思维的游戏或者益智类的游戏，如魔方、国际象棋、跳棋等 16. 我特别喜欢看侦探小说及警察破案的影片或电视剧 17. 在看电影或者听故事的时候，我通常会根据故事的情节猜到结局
抽象思维能力	18. 我对科学新发现的原理很感兴趣 19. 我对科学实验很着迷，喜欢参加科学活动 20. 我对计算机编程感兴趣 21. 我经常思考哲学问题，并且能够参透其中的意义

具备运动智能的人在进行表达时习惯用手势或者肢体语言，喜欢参与体育活动，动作敏捷，具有良好的协调性，喜欢动手制造。运动员、舞蹈家、医生等一般具备较高的运动智能。运动智能指标体系如表3-3-3所示。

表3-3-3 运动智能指标体系

一级指标	二级指标
身体感知能力	1. 在学校里，相比其他课程我更喜欢体育课 2. 我很容易就能学会一项新的运动技能或者一套舞蹈动作 3. 我酷爱运动，有自己擅长的运动项目
大肌肉群运动能力	4. 我有良好的平衡感，四肢灵巧 5. 我在身体失去平衡时总能够有效避免受伤 6. 我身体协调性好，擅长跳舞、体操等 7. 我喜欢参加各种类型的体育活动 8. 我可以做下叉等动作，柔韧性很好 9. 我动作敏捷、反应快

续表

一级指标	二级指标
小肌肉群运动能力	10. 我能很快学会操作工具、机械等 11. 动手操作对我来说是一种很好的学习方法 12. 我擅长洗牌或者变魔术 13. 我喜欢尝试一些手工制作 14. 我喜欢动手做事，如缝纫、制作模型等 15. 我喜欢动手完成精细物品的制作，如工艺品 16. 我手指灵活，擅长做手指游戏、手影游戏等
身体表达	17. 与人交流时，我喜欢用肢体语言表达意见及情感 18. 我善于模仿别人的肢体动作或者面部表情 19. 我喜爱舞蹈或者表演

具备空间智能的人的空间判断能力比较强，能够判断空间方位，对空间结构有很强的敏感性，能够将识别或者感受到的空间关系通过平面图形或者立体造型表达出来，并借此表达思想和情感。空间智能较高的人通常通过意象来思考事物或者进行学习。空间智能指标体系如表 3-3-4 所示。

表 3-3-4　空间智能指标体系

一级指标	二级指标
形象思维	1. 我能够很容易看出三维图像 2. 我擅长做立体几何题 3. 我喜欢用图、表等代替语言文字描述数据 4. 我在阅读的时候更多地是从图片中获取信息，而不是文字 5. 我能够很容易地找出几幅图片的不同之处 6. 对我来说，阅读地图、图标比阅读文字容易 7. 我能够很轻松地根据表述想象出一个景象或者事物的样子
空间意象	8. 我有很好的色彩感觉，很容易辨别颜色的深浅程度 9. 我擅长摄影，并喜欢用相机记录生活 10. 我喜欢玩积木或者拼图游戏 11. 我一般能够在陌生的城市中利用地图、路标等找到路，很少迷路 12. 我喜欢制作有趣的立体模型 13. 我擅长利用百度地图找到路线

具备音乐智能的人通常对节拍、节奏很敏感，音高音调把握准确，能够通过演唱、演奏或者歌唱等形式表达和感知情感。指挥家、歌手、演奏家等通常具备较高的音乐智能。音乐智能指标体系如表 3-3-5 所示。

表 3-3-5　音乐智能指标体系

一级指标	二级指标
节奏感知	1. 我喜欢音乐课和音乐活动 2. 我习惯跟着音乐轻敲拍子或者跟着音乐的节奏律动 3. 我节奏感很好 4. 我发现有时在走路的时候，脑海里会冒出音乐的旋律 5. 听到熟悉的音乐时，我会情不自禁地跟着音乐手舞足蹈
音高感知	6. 我唱歌不跑调 7. 我能发现别人唱歌时走音 8. 一首歌曲或乐曲听1～2遍，我就能准确地唱出或哼出 9. 我听觉很灵敏，能够清楚地记得自己听过的曲子
音乐素养	10. 我会弹奏一种或者多种乐器 11. 同学和朋友都夸我有一副好嗓子，歌唱得好 12. 我在学习和放松时花很多时间听音乐 13. 我喜欢听音乐并谈论音乐方面的事情 14. 我会自己作词作曲 15. 我喜欢收藏有关音乐的音像制品
音乐理解与灵性	16. 我听到高昂的音乐时会感到亢奋，情绪激动 17. 我的音乐鉴赏力佳，对乐曲、歌曲有独到见解 18. 如果没有音乐，则我的生活会受到影响 19. 做事情的时候如果有音乐相伴，则我会心情愉悦，更专注地完成工作

具备交际智能的人能够理解别人，与人保持良好的人际关系，拥有组织能力、协调协商能力。通常宗教和政治领袖、教师、心理咨询师等具备较高的交际智能。交际智能指标体系如表 3-3-6 所示。

表 3-3-6　交际智能指标体系

一级指标	二级指标
人际觉察能力	1. 我消息很灵通，能够很快了解周围发生的事情 2. 我周围的同学和朋友时常请我帮忙或让我拿主意 3. 我能够敏锐地觉察别人的喜怒哀乐等情感变化 4. 我能够对微博或者微信上传播的新闻或事件有自己的观点和理解 5. 我善于理解别人的感受和需求 6. 我懂得关心、体谅和帮助他人 7. 我非常有团队精神，愿意为了团队而妥协

一级指标	二级指标
人际协调能力	8. 我擅长在大家有分歧的时候提出合适的解决方案 9. 我的同学和朋友认为我有号召力与领导才能 10. 我乐意接受别人的意见 11. 我会倾听别人说的话，懂得互动，沟通良好 12. 我有一个或者多个好朋友 13. 我喜欢参与到学生团体的活动中，如学生会、社团等 14. 我在人群中感到很舒服，不喜欢一个人独处 15. 我喜欢参与团体运动，如篮球、足球等，不喜欢个人运动，如游泳、跑步等 16. 有解决不了的问题时，我愿意寻求别人的帮助 17. 我擅长与人打交道，如服务员、售货员等

具备内省智能的人能够主动了解自己生活学习的特点，清楚地知道自身的优势和劣势；经常深入思考，规划自己的人生，制订目标；工作、学习独立性较强。政治家、作家、心理学家、哲学家在内省智能方面都具有出色的表现。内省智能指标体系如表 3-3-7 所示。

表 3-3-7　内省智能指标体系

一级指标	二级指标
自我感知	1. 我很清楚自己的个性和追求 2. 我清楚地知道自己的优点和缺点，并且打算提高自己 3. 我对自己的行为负责，我清楚我是什么样的人 4. 我经常思考自己的重要人生目标，如高考、大学 5. 我认为我意志坚强、独立性强、不依赖他人 6. 我常常能预感到事情的结果 7. 在同学和亲朋好友中，我很清楚自己的位置及角色 8. 我常常能够感受到长辈（父母、老师）对我的期待 9. 我看到别人的缺点会反思自己
自我调节	10. 我习惯制订个人目标，并且为实现目标不懈努力 11. 我会为了提升自我参加课外辅导班或者购买学习材料 12. 我善于计划和分配日常生活、学习和娱乐的时间 13. 我擅长自己做一些重要的决定，如选课 14. 我能够意识到自己的情绪变化，并且很好地控制它 15. 面对挫折，我能够保持乐观的心态 16. 我会总结自己做事成功或失败的经验，使得下次做事更为顺利

具备自然智能的人在大自然的环境中感到舒适，能够敏锐地感知环境的变化，

◇ 运动参与和多元智能

识别植物、动物种类。自然智能更加关注人在大自然中所呈现的能力。自然智能指标体系如表 3-3-8 所示。

表 3-3-8 自然智能指标体系

一级指标	二级指标
自然感知	1. 我对自然界的事物具有敏锐的感觉，如声音、色彩、气味等 2. 相比城市景观，我更喜欢到有自然景观的地方旅游 3. 我喜欢以大自然为主题的电影、摄影、美术或者文学作品，如《动物世界》 4. 我喜欢以自然景象和动植物为主题的节目、图书和展览
自然识别	5. 我喜欢研究动植物的种类、分类等 6. 我对自然能源系统很着迷，如地热、水能、风能等 7. 我擅长观察和学习自然知识，如天气类型、地形分类 8. 春天来临时，我是朋友中第一个注意到花苞或嫩芽的人 9. 我喜欢到公园、植物园、水族馆参观游览，观察自然界的动植物
自然互动	10. 我喜欢养小动物，如小狗、小猫等 11. 我喜欢种植花草树木 12. 我喜欢参与户外活动，如登山、钓鱼、露营、漂流等 13. 我经常参与到自然环境保护中，如垃圾分类处理、回收利用 14. 与大自然相处是我生命中非常重要的一部分

3.2 团队讨论修改题目

在根据多元智能理论初步编制问卷后，课题组在北京师范大学附属中学和北京市十一学校中选取了 10 名具有代表性的高中生进行问卷试答及访谈，请他们提出做问卷过程中存在的疑惑和意见。课题组通过小组讨论对问卷进行修订，修改在表达和理解上有偏差的题目。课题组在组会上认真谨慎地分析和讨论，对量表中的题目进行初步删减、合并和修改，每个维度至少保留 14 道题目，参考课题组和学生意见的修改情况如表 3-3-9 所示。

表 3-3-9 参考课题组和学生意见的修改情况

一级指标	二级指标	修改意见	修改后的题目
语言智能	1. 我在交谈中喜欢用成语或者歇后语 2. 我喜欢讲故事 17. 我写作时，经常使用古诗词来表达观点	存在语义表达重复，三题合并	我在跟别人交流时经常引经据典

一级指标	二级指标	修改意见	修改后的题目
数学智能	7. 我喜欢分条、分点地记笔记 11. 我喜欢把事情或者东西分类	表达意思相似，删除一题	我喜欢分条、分点地记笔记
	14. 我相信每个问题都有一个合乎逻辑的解释或者答案	不能反映逻辑推理能力，倾向于第六感，存在争议	删除该题
	21. 我经常思考哲学问题，并且能够参透其中的意义	与语言智能存在交叉的可能性	删除该题
运动智能	13. 我喜欢尝试一些手工制作 14. 我喜欢动手做事，如缝纫、制作模型等 15. 我喜欢动手完成精细物品的制作，如工艺品	意思相近，进行合并	我喜欢动手做事，如缝纫、制作模型等
	8. 我可以做下叉等动作，柔韧性很好	柔韧性的好坏不能简单地用下叉来衡量	我柔韧性很好
空间智能	6. 对我来说，阅读地图、图标比阅读文字容易	不贴近高中生的实际生活	删除该题
	我擅长绘画并能够得到人们的赞赏		增加新题目
音乐智能	5. 听到熟悉的音乐时，我会情不自禁地跟着音乐手舞足蹈	与运动智能可能存在交叉	删除此题
	14. 我会自己作词作曲	作词作曲过于专业，不符合高中生的实际情况	删除此题
	10. 我会弹奏一种或者多种乐器	乐器并不限于弹奏，也有吹奏的乐器	我会弹奏或者吹奏乐器
自然智能	我善于预测自然现象的变化，如快下雨了等		增加新题目
	我会留意自然环境和周围生活环境的变化		增加新题目

整理完善后形成专家问卷，进行两轮专家问卷调查，详见附录1。

3.3 专家意见

本研究邀请了九位专家，进行专家问卷调查，各位专家对量表的制定给予了

◇ 运动参与和多元智能

初步的肯定,并对题目设置、表达等提出了修改意见。结合专家提出的意见,课题组对相关题目进行了修改,第一轮每个维度至少保留 14 道题目,根据专家意见修改,第二轮至少保留 12 道题目。专家意见汇总及修改情况如表 3-3-10 所示。根据两轮专家问卷的打分,进行皮尔逊相关系数检验,结果显示两者之间存在高度相关性。这表明修改后的题目与修改前的题目在内容上偏差较小,保持了较高的一致性。

表 3-3-10 专家意见汇总及修改情况

一级指标	二级指标	修改意见	修改后的题目
语言智能	5. 我喜欢讨论或辩论,被同学们誉为"三寸不烂之舌"	"三寸不烂之舌"是一个中性比喻,容易引起歧义	我喜欢讨论或辩论
	9. 我喜欢写作,写作令我愉快	喜欢写作,但是并不代表一定是愉悦的体验,也可以是思想上的一种记录过程	我喜欢写作
数学智能	15. 我喜欢玩需要逻辑思维的游戏或者益智类的游戏,如魔方、国际象棋、跳棋等	题目中点明"逻辑思维",就给了被试者暗示,应该隐藏此类词语	我擅长玩策略或者益智类的游戏,如魔方、国际象棋、跳棋等
	19. 我对科学试验很着迷,喜欢参加科学活动	对科学实验着迷和喜欢参加科学活动是两个意思,出现在同一题目中会影响选择	我对科学试验很着迷
运动智能	1. 在学校里,相比其他课程我更喜欢体育课	不能反映一个人身体运动能力的情况,并且喜欢体育课的理由有很多,如其他课程没意思	删除该题
空间智能	我擅长素描,能够画出物体的立体感		增加新题目
	我能准确地画出人物或者静物图		增加新题目
音乐智能	7. 我能很清楚地发现别人唱歌时走音	"很清楚"已经有程度意义	我能发现别人唱歌时走音
	9. 我听觉很灵敏,能够清楚地记得自己听过的曲子	有暗示被试者的倾向	我能够记得自己听过的曲子
	11. 同学和朋友都夸我有一副好嗓子,歌唱得好	好嗓子不代表唱歌好听,此题目中包含了双重含义	同学和朋友都夸我歌唱得好

续表

一级指标	二级指标	修改意见	修改后的题目
音乐智能	17. 我的音乐鉴赏力佳，对乐曲、歌曲有独到见解	社会赞许性太强	删除该题
	我能感知一段音乐所表现的情感或内涵		增加新题目
交际智能	12. 我有一个或者多个好朋友	"一个""多个"易引起歧义	我身边有许多好朋友
	15. 我喜欢参与团体运动，如篮球、足球等，不喜欢个人运动，如游泳、跑步等	两者实际上不一定是冲突的	我喜欢参与团体运动，如篮球、足球、排球等
	我认为通过与他人的交流合作，学习效率会更高		增加新题目
	我喜欢使用文字在微博、微信上表达观点或意见		增加新题目
内省智能	2. 我清楚地知道自己的优点和缺点，并且打算提高自己	双重含义	我清楚地知道自己的优点和缺点
	3. 我对自己的行为负责，我清楚我是什么样的人	双重含义	我了解我是什么样的人
自然智能	14. 与大自然相处是我生命中非常重要的一部分	社会赞许性太强，区别度小	删除该题
	我喜欢收集整理大自然中的物品，如岩石、树叶等		增加新题目

3.4 根据专家意见修改量表

根据专家意见进行修改，形成正式的调查问卷，对问卷题目进行 S 形排列，从每个维度的题目中各取一道题按顺序排列，剩余的题目也按这样的顺序依次排列，重新编号。这样设置的目的是保证问卷填写的质量，避免学生在一个维度上产生惯性思维，同时按 S 形顺序排列能够方便归类统计。量表中包含三道反向题，分为是 35、72、91 题，用来在研究中测谎，确保问卷的质量。高中生多元智能调查量表详见附录 2。

◇ 运动参与和多元智能

3.5 问卷的发放与整理

课题组选取北京市城内和郊区八所学校进行问卷发放。本人和课题组在导师的协助沟通下，与所调查高中的体育教师进行联系，确定问卷发放时间。问卷全部在课堂上发放，填写时间为6~7分钟，填写完毕后当堂收回。问卷由本人指导、监督学生完成，并及时解答学生在填写过程中的疑问，保证问卷的质量。问卷具体内容见附录2。

3.6 高中生多元智能量表的结构效度分析

3.6.1 原始状态的结构方程模型

课题组在北京师范大学第二附属中学、北京师范大学附属实验中学、北京市十一学校、北京大学附属中学、首都师范大学附属中学、北京市顺义区南彩学校、北京市丰台区东铁匠营第一中学、北京市海淀区教师进修学校共八所学校发放了844份问卷，其中796份为有效样本。样本情况如表3-3-11~表3-3-13所示。

表 3-3-11　学生年级分布情况

年级	人数	百分比/%
一年级	433	54.4
二年级	146	18.3
三年级	217	27.3

表 3-3-12　学生性别分布情况

性别	人数	百分比/%
男生	292	36.7
女生	504	63.3

表 3-3-13　学生分布情况

学生类型	人数	百分比/%
普通生	736	92.4
体育特长生	14	1.7
美术特长生	15	1.9
音乐特长生	21	2.6
其他	10	1.4

本研究采用 AMOS 建构一阶八因素多元智能结构方程模型，对量表进行验证性因素分析，建立原始结构方程模型（图 3-3-1）。

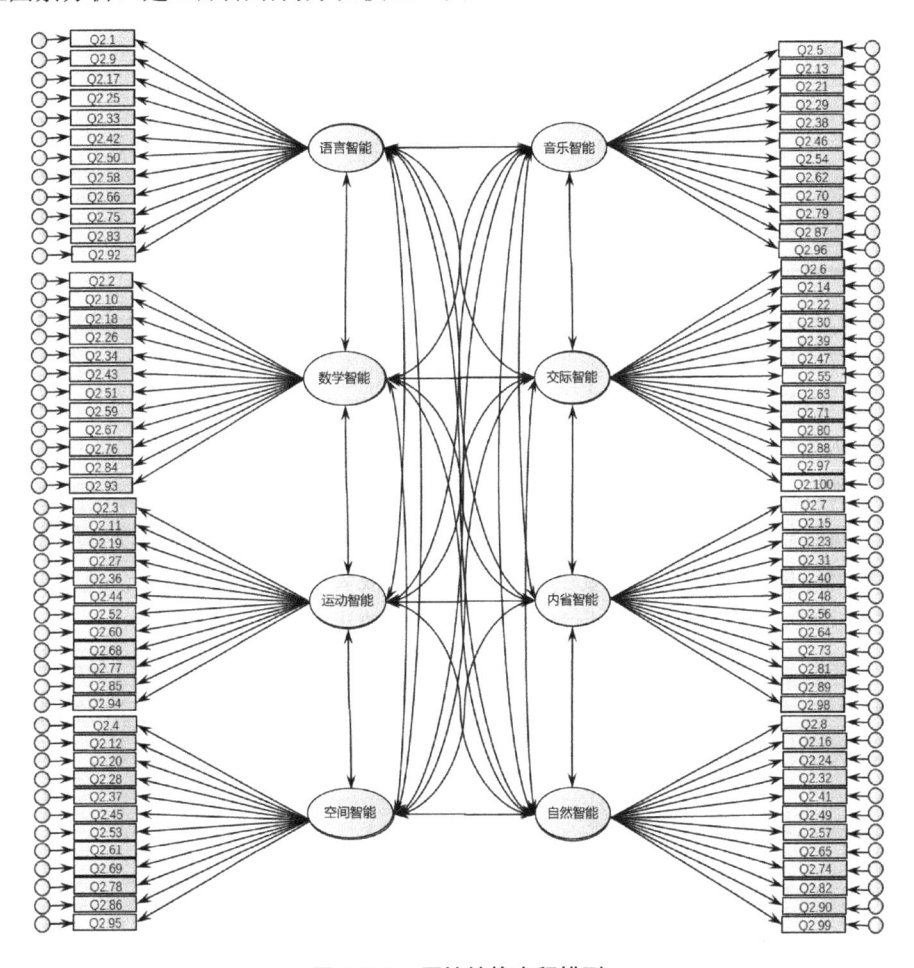

图 3-3-1　原始结构方程模型

运动参与和多元智能

从表 3-3-14 中可以看出，本研究采用了多项拟合指标对原始结构方程模型进行了评估，包括卡方值（Chi-Square Minimum，χ^2/CMIN）、自由度（Degrees of Freedom，df）、卡方自由度、正规化拟合指数（Normed Fit Index，NFI）、相对拟合指数（Relative Fit Index，RFI）、拟合优度指数（Goodness-of-Fit Index，GFI）、增量拟合指数及近似误差均方根。

表 3-3-14　原始结构方程模型各项指标

Model	研究模型
χ^2	15472.137
df	4436
χ^2 / df	3.488
NFI	0.566
RFI	0.554
GFI	0.646
IFI	0.635
RMSEA	0.056

RMSEA 的数值小于 0.08，达到良好的程度。χ^2/df 为 3.488，一般来说，卡方值与自由度的比值越小，说明模型的拟合情况越好，比值小于 3 被认为是较好的拟合，但是在样本量较大时，略大于 3 也可以被接受，统计参看其他拟合指标。NFI 和 RFI 分别为 0.566 和 0.554，这两个指标的值均较低，远未达到理想的拟合标准（接近 1）。这表明模型相对于基线模型或零模型的改进并不显著，模型的整体拟合质量较差。GFI 为 0.646，说明模型只能解释观测数据变异的较小部分。这表明模型可能遗漏了某些重要的变量或关系，或者模型的设定不够合理。IFI 为 0.635，同样偏低，表明模型相对于基线模型的改进并不明显。

因此在遵循理论要求和模型建构原则的前提下，根据修正指数（Modification Index，MI）和各个题目的载荷情况，对量表中的题目进行调整和删除。如果有与理论冲突的情况，则以偏重理论为主。

3.6.2　结构方程模型的整体修正

根据各个题目的载荷情况及 MI 修正指数的提示，在不违背理论和结构方程模型建构原则的前提下，删除以下题目。

语言智能：1、42、58、83、92。

数学智能：26、34、51、59、84。

运动智能：36、60、85、94。

空间智能：12、28、45、61、69。

音乐智能：29、87。

交际智能：22、30、47、71、88、100。

内省智能：40、56、64、98。

自然智能：8、49、57、90、99。

共保留了 61 道题目，其中音乐智能保留 10 道，运动和内省智能各保留 8 道，其他五种智能均保留 7 道，重新构建结构方程模型。

从表 3-3-15 中可以看出，各项指标都有了很大的提升，卡方自由度达到了小于 3 的标准，NFI、RFI、GFI、IFI 都达到了 0.80 以上，RMSEA 也达到了 0.040，表明模型在原来的基础上更加优化。修正后的结构方程模型如图 3-3-2 所示。

表 3-3-15 整体修正后的模型指标情况

Model	研究模型
χ^2	2836.073
df	1188
χ^2/df	2.387
NFI	0.818
RFI	0.804
GFI	0.884
IFI	0.885
RMSEA	0.040

◇ 运动参与和多元智能

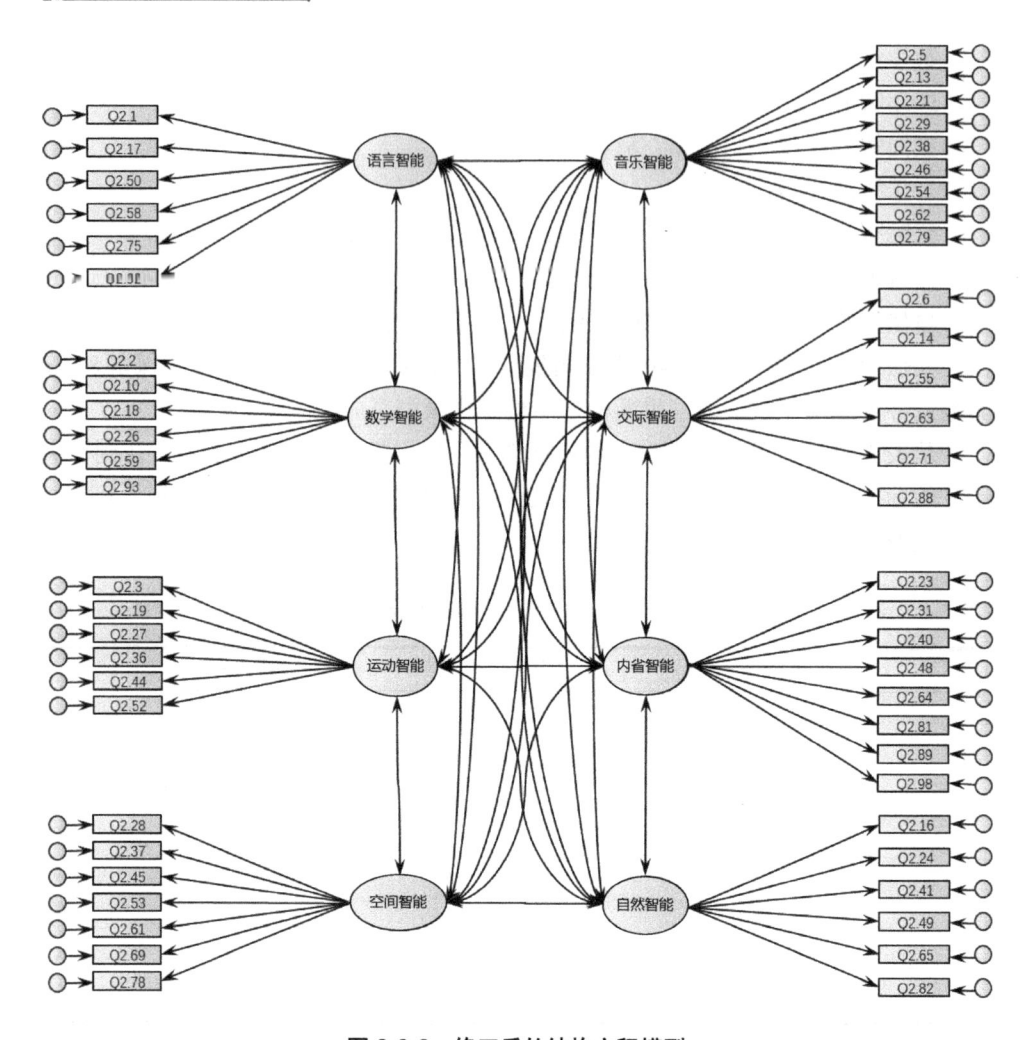

图 3-3-2　修正后的结构方程模型

3.7　高中生多元智能量表的信度分析

经过验证性因素分析之后，课题组发现每个维度的题目载荷情况和单个维度的结构效度都比较理想，故没有题目的删减和调整，八种智能对应的题目分别如下。

语言智能：9、17、25、33、50、60、75。

数学智能：2、10、18、43、67、76、93。
运动智能：3、11、19、27、44、52、68、77。
空间智能：4、20、37、53、78、86、95。
音乐智能：5、13、21、38、46、54、62、70、79、96。
交际智能：6、14、39、55、63、80、97。
内省智能：7、15、23、31、48、73、81、89。
自然智能：16、24、32、41、65、74、82。

除了检验量表的结构效度，还需要检验量表的信度，进一步确定量表的有效性，以确保后续研究的可靠性。常用的检验指标是 SPSS 中的折半信度和 Cronbach's Alpha 系数。本研究使用的是 Cronbach's Alpha 系数。在信度检验中，Cronbach's Alpha 系数必须大于 0.6，系数越高，说明量表信度越高。

从表 3-3-16 的数据结果中可以看出，本研究的量表总体信度和每种智能维度的 Cronbach's Alpha 系数都大于 0.9，符合研究要求。

表 3-3-16　各维度 Cronbach's Alpha 系数

智能维度	Cronbach's Alpha 系数
语言智能	0.910
数学智能	0.924
运动智能	0.915
空间智能	0.918
音乐智能	0.908
交际智能	0.906
内省智能	0.911
自然智能	0.917
总体信度	0.923

4 多元智能量表在高中生运动参与领域的应用

在完成量表的信效度检验后，课题组对北京市的八所中学进行了正式的问卷调查，最终收集汇总到了 844 份样本。经过筛选，其中有效问卷为 796 份，无效问卷为 48 份。根据表 3-4-1 的统计结果可以看出，样本比较均衡地分布在八所学校中。

表 3-4-1 高中生的学校分布情况

学校名称	样本数量	百分比/%
北京大学附属中学	103	12.9
首都师范大学附属中学	99	12.4
北京师范大学第二附属中学	105	13.1
北京师范大学附属实验中学	104	13.1
北京市海淀区教师进修学校	96	12.1
北京市十一学校	105	13.1
北京市顺义区南彩学校	88	11.1
北京市丰台区东铁匠营第一中学	96	12.1

4.1 北京市八所中学高中生的运动参与情况

4.1.1 不同性别高中生运动参与情况

从表 3-4-2 中可以看出，除 12 名体育特长生外，784 名高中生中有 75% 以上除体育课外，还会参加各类体育活动，男生参加体育活动的比例略高于女生。统计结果比较符合男生比女生会更多地参与运动的认知。

表 3-4-2 男生和女生的运动参与情况统计（除体育课外的体育活动）

运动参与情况		男生	女生
参加	人数（百分比）	229（80.8%）	361（72.1%）
不参加	人数（百分比）	54（19.2%）	140（27.9%）

4.1.2 不同年级高中生运动参与情况

从表 3-4-3 中可以看出，三个年级的高中生运动参与情况相差不大，高二学生参与率最高，进行问卷调查的时间是秋季学期，高二学生正在准备体育课的学业水平考试，因此运动参与会相对增加。高一学生入学不久，可能处于新环境和新社交圈的适应中。在问卷统计中，55 名不参加课外体育活动的高三学生中，43 名学生认为作业多导致他们没有时间运动。高三学生升学压力比较大，参与运动的时间比较紧张，因此课外活动的参与率也相对较低。

表 3-4-3 高一至高三学生的运动参与情况统计（不含体育特长生）

运动参与情况		一年级	二年级	三年级
参加	人数（百分比）	317（74.1%）	114（80.3%）	159（74.2%）
不参加	人数（百分比）	111（25.9%）	28（19.7%）	55（25.7%）

4.1.3 高中生运动参与的频率、时长和强度

对高中生参与运动的频率和强度进行统计，须排除体育特长生，也不计算每周的体育课。从表 3-4-4 中可以看出，24.7% 的高中生除体育课外，平时并不参加体育活动，约有三成高中生每周参加一次或两次体育活动。整体来看，四成以上的高中生每周运动三次及以上。

表 3-4-4 高中生运动参与频率统计

每周运动次数	人数（百分比）
不参加	194（24.7%）
一次	109（13.9%）
二次	146（18.6%）
三次	118（15.1%）
四次	95（12.1%）
五次及以上	122（15.6%）

从表 3-4-5 中可以看出，除体育课外参加体育活动的样本中，25% 的高中生每次运动时间达不到 30 分钟，约 35% 的高中生每次运动持续时间在 30 分钟至 1 小时，达到并超过 1 小时的高中生不足 15%。

表 3-4-5　高中生运动参与时长统计

运动参与时长	人数（百分比）
不参加	194（24.7%）
30 分钟以内	196（25.0%）
30 分钟至 1 小时	277（35.3%）
1～2 小时	94（12.0%）
2 小时及以上	23（2.9%）

从表 3-4-6 中可以看出，除体育课外参加体育活动的样本中，七成以上的高中生每次运动能达到中等（即微微出汗）及以上的强度；接近四成的高中生能达到中等以上的强度，即出汗较多或大量出汗。

表 3-4-6　高中生运动参与强度统计

运动参与强度	人数（百分比）
不参加	194（24.7%）
不出汗	25（3.2%）
微微出汗	282（36.0%）
出汗较多	235（30.0%）
大量出汗	48（6.1%）

4.1.4　高中生运动参与的项目类型

常见的分类是将运动项目分为集体项目和个人项目。集体项目是指多人共同合作完成的项目，如足球、排球、篮球等；个人项目是指仅仅依靠个人就可以完成的项目，如游泳、攀岩、跑步等。除此之外，还有学者根据环境背景的稳定性将运动技能分为开放式和闭锁式。基于研究群体，本研究主要区分集体项目和个人项目。通过筛选 796 个有效样本，共有 602 人除体育课外平时还参加其他体育活动。

从图 3-4-1 中可以看出，个人项目参与频率最高的前五名依次为跑步、羽毛球、游泳、乒乓球、街舞；集体项目参与率呈现篮球>足球>排球的规律。所有项目参与率的前三名是跑步、篮球、羽毛球。

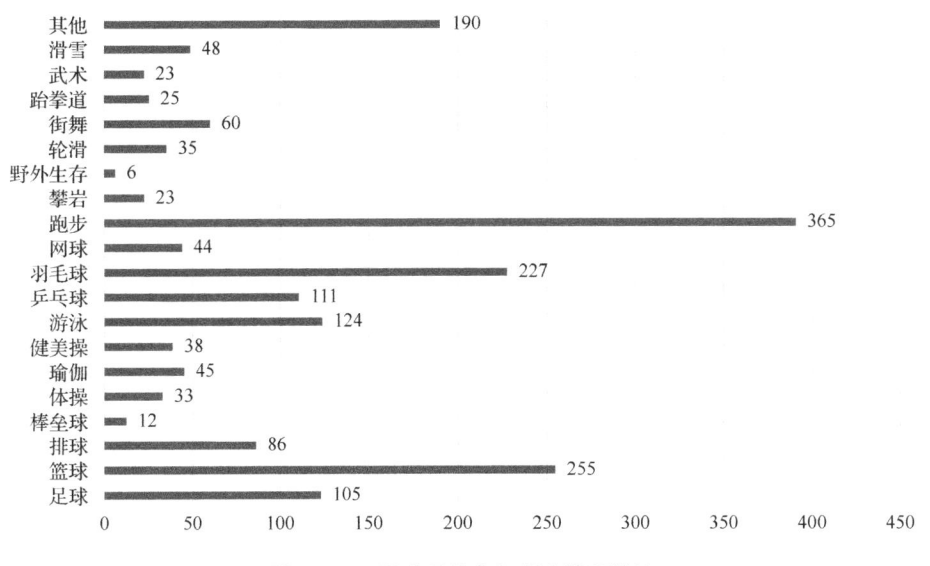

图 3-4-1　运动项目参与频次情况统计

从图 3-4-2 中可以看出，23%的高中生不参加除体育课外的体育活动，33%的高中生除体育课外，只参加个人项目，仅有 6%的高中生在日常仅参加集体项目，38%的高中生个人/集体项目均参加。换言之，71%的高中生除体育课外会参加个人项目，44%的高中生除体育课外会参加集体项目，可见大多数参加体育活动的高中生选择个人项目。对这个结果可以有如下解释：高中生课业压力比较大，相对自由可支配的运动时间比较有限，并且不固定，不同的学生对自己的业余时间有不同的安排，因此完成集体项目有一定的难度，而个人项目的时间安排相对灵活。

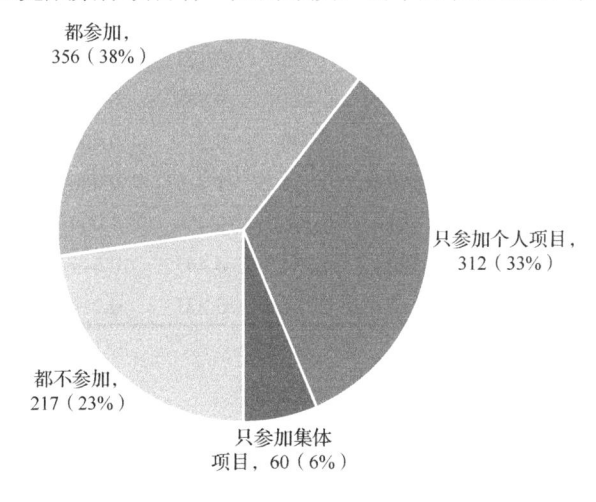

图 3-4-2　个人/集体项目参与情况统计

> 运动参与和多元智能

4.2 高中生八种智能维度之间的相关性分析

目前并没有相关研究证明八种智能维度之间存在准确的线性相关关系，尽管多元智能理论认为每种智能都是独立存在的，但是以往的研究中都提及了每种智能之间存在着或大或小的联系。因此本研究使用 SPSS 中的斯皮尔曼相关系数（Spearman's Correlation Coefficient），以 796 个样本为基础分析各种智能维度之间的关系。斯皮尔曼相关系数的判断原则是：如果相关系数的绝对值大于或等于 0.8，则这两个变量被视为高度相关；如果相关系数的绝对值为 0.4~0.8（包含 0.4 但不包含 0.8），则这两个变量被视为中度相关；如果相关系数的绝对值小于或等于 0.4，则这两个变量被视为低度相关。

从表 3-4-7 中可以看出，各种智能维度之间的相关系数普遍为 0.2~0.7，呈现中低度的相关关系。其中，数学智能、空间智能与其他智能之间的相关关系大部分呈现低度相关，交际智能与语言智能、运动智能、空间智能、音乐智能和内省智能之间的相关关系则呈现中度相关，其他的智能维度之间均为低度相关关系。

表 3-4-7　八种智能维度之间的斯皮尔曼相关系数

智能维度	语言智能	数学智能	运动智能	空间智能	音乐智能	交际智能	内省智能	自然智能
语言智能	1.000	0.241	0.394	0.364	0.420	0.685	0.606	0.346
数学智能	0.241	1.000	0.347	0.372	0.121	0.272	0.272	0.256
运动智能	0.394	0.347	1.000	0.427	0.368	0.484	0.390	0.237
空间智能	0.364	0.372	0.427	1.000	0.312	0.406	0.354	0.321
音乐智能	0.420	0.121	0.368	0.312	1.000	0.486	0.403	0.221
交际智能	0.685	0.272	0.484	0.406	0.486	1.000	0.644	0.284
内省智能	0.606	0.272	0.390	0.354	0.403	0.644	1.000	0.310
自然智能	0.346	0.256	0.237	0.321	0.221	0.284	0.310	1.000

4.3 高中生运动参与与否在八种智能维度上的比较

从表 3-4-8 中可以看出，参加运动的高中生样本在八种智能维度上的得分均值都高于不参加运动的高中生样本。

表 3-4-8　高中生运动参与与否在八种智能维度上的比较

智能维度	课外体育活动参加与否	人数	均值	标准差	均值的标准误
语言智能	Y	602	3.52	0.698	0.028
	N	194	3.33	0.796	0.057
数学智能	Y	602	3.19	0.815	0.033
	N	194	2.77	0.803	0.057
运动智能	Y	602	3.28	0.771	0.031
	N	194	2.70	0.753	0.054
空间智能	Y	602	3.41	0.713	0.029
	N	194	3.16	0.705	0.050
音乐智能	Y	602	3.69	0.896	0.036
	N	194	3.53	0.912	0.065
交际智能	Y	602	3.68	0.712	0.029
	N	194	3.38	0.745	0.053
内省智能	Y	602	3.94	0.599	0.024
	N	194	3.76	0.676	0.048
自然智能	Y	602	3.41	0.790	0.032
	N	194	3.17	0.777	0.055

高中生运动参与与否的独立样本 T 检验如表 3-4-9 所示。经过独立样本 T 检验可知，语言智能和内省智能的方差显著性（Sig）小于 0.05，说明这两种智能维度的方差不齐。尽管如此，在 T 检验中，这两种智能维度的方差显著性仍然小于 0.05。这意味着，运动参与与否在语言智能和内省智能上存在显著性差异。其他六种智能维度（数学智能、运动智能、空间智能、音乐智能、交际智能和自然智能）的方差显著性均大于 0.05，说明这些智能维度的方差是齐的。同时，T 检验的结果显示，这六种智能维度的方差显著性也均小于 0.05。因此，可以断定，运

◇◇ 运动参与和多元智能

动参与与否在这六种智能维度上同样存在显著性差异。因此，无论在哪种智能维度上，参与运动的高中生与不参与运动的高中生之间均存在显著性差异。

表 3-4-9 高中生运动参与与否的独立样本 T 检验

智能维度	方差假定	方差齐性检验（F）	显著性	p
语言智能	等方差	4.684	0.031	0.002
	不相等			0.003
数学智能	等方差	0.238	0.626	0.000
	不相等			0.000
运动智能	等方差	0.135	0.714	0.000
	不相等			0.000
空间智能	等方差	0.455	0.500	0.000
	不相等			0.000
音乐智能	等方差	0.002	0.969	0.025
	不相等			0.026
交际智能	等方差	0.177	0.674	0.000
	不相等			0.000
内省智能	等方差	4.455	0.035	0.000
	不相等			0.001
自然智能	等方差	0.667	0.414	0.000
	不相等			0.000

4.4 高中生运动参与经常性与多元智能发展水平的关系

本研究中关于体育人口的定义主要参考国内比较流行的标准，同时考虑到高中生普遍每周已有两节体育课的情况，故经常参加运动的高中生主要满足以下条件：①每周运动≥两次；②达到微微出汗的强度及以上；③活动时间≥30 分钟。

不经常参加运动的高中生主要满足以下条件：①一次≤每周运动<两次；②达到微微出汗的强度以上；③活动时间≥30 分钟。以此为衡量标准，对高中生运动参与经常性进行统计，结果如下。

以表 3-4-10 所示的高中生运动参与经常性分布情况为基础进行后续分析。

通过表 3-4-11 可以看出，将样本分成不参加、不经常参加和经常参加三组后，通过 ANOVA 单因素分析发现，不参加运动的高中生、不经常参加运动的高中生和经常参加运动的高中生三个组别在八种智能维度上的得分呈现显著的组间差异。

表 3-4-10　高中生运动参与经常性分布情况

类别	频次（n=796）	百分比/%
不参加	194	24.3
不经常参加	109	13.6
经常参加	493	62.1

表 3-4-11　高中生运动参与经常性与多元智能发展水平

智能维度		平方和	自由度	均方	F 统计量	p
数学智能	组间	27.565	2	13.782	20.887	0.000
	组内	523.279	793	0.660		
	总数	550.844	795			
语言智能	组间	5.363	2	2.682	5.120	0.006
	组内	415.306	793	0.524		
	总数	420.669	795			
运动智能	组间	50.588	2	25.294	43.174	0.000
	组内	464.594	793	0.586		
	总数	515.183	795			
空间智能	组间	9.089	2	4.545	8.958	0.000
	组内	402.325	793	0.507		
	总数	411.414	795			
音乐智能	组间	6.163	2	3.081	3.810	0.023
	组内	641.309	793	0.809		
	总数	647.472	795			
交际智能	组间	12.848	2	6.424	12.349	0.000
	组内	412.499	793	0.520		
	总数	425.347	795			
内省智能	组间	5.059	2	2.529	6.595	0.001
	组内	304.155	793	0.384		
	总数	309.214	795			

运动参与和多元智能

续表

智能维度		平方和	自由度	均方	F统计量	p
自然智能	组间	8.676	2	4.338	7.002	0.001
	组内	491.338	793	0.620		
	总数	500.015	795			

从差异的显著性来看，根据表 3-4-12 的最小显著差异（Least Significant Difference，LSD）多重比较检验发现，不参加和经常参加的两组样本在八种智能上呈现显著性差异。其中，在音乐智能方面，三组样本差异不显著。经常参加和不经常参加的两组样本在语言智能、数学智能、空间智能、交际智能、内省智能及自然智能上无明显差异。在运动智能方面，经常参加、不经常参加和不参加的样本均呈现显著性差异，均值差按大小排列为经常参加>不经常参加>不参加。

表 3-4-12 运动参与经常性与多元智能发展水平

智能维度	运动参与经常性		均值差	标准误	p
数学智能	不参加	不经常参加	−0.348	0.0972	0.000
		经常参加	−0.444	0.0688	0.000
	不经常参加	经常参加	−0.096	0.0859	0.264
语言智能	不参加	不经常参加	−0.222	0.0866	0.011
		经常参加	−0.181	0.0613	0.003
	不经常参加	经常参加	0.041	0.0766	0.592
运动智能	不参加	不经常参加	−0.427	0.0916	0.000
		经常参加	−0.602	0.0648	0.000
	不经常参加	经常参加	−0.175	0.0810	0.031
空间智能	不参加	不经常参加	−0.276	0.0852	0.001
		经常参加	−0.240	0.0603	0.000
	不经常参加	经常参加	0.036	0.0753	0.632
音乐智能	不参加	不经常参加	−0.291	0.1076	0.077
		经常参加	−0.139	0.0762	0.067
	不经常参加	经常参加	0.151	0.0951	0.111
交际智能	不参加	不经常参加	−0.294	0.0863	0.001
		经常参加	−0.296	0.0611	0.000
	不经常参加	经常参加	−0.00	0.0763	0.980

续表

智能维度	运动参与经常性		均值差	标准误	p
内省智能	不参加	不经常参加	-0.202	0.0741	0.006
	不参加	经常参加	-0.181	0.0524	0.001
	不经常参加	经常参加	0.021	0.0655	0.742
自然智能	不参加	不经常参加	-0.164	0.0942	0.081
	不参加	经常参加	-0.249	0.0667	0.000
	不经常参加	经常参加	-0.084	0.0833	0.309

注：均值差的显著性水平为 0.05。

4.5 运动参与项目类型与交际智能的关系

从表 3-4-13 中可以看出，参与不同类型项目的学生在交际智能上的均值得分呈现以下规律：均参加>参加个人项目>参加集体项目>均不参加。交际智能的四组样本均呈现显著性差异。

表 3-4-13 运动参与项目类型与交际智能关系的描述性统计

指标	均参加	参加个人项目	参加集体项目	均不参加	总数
人数	356	312	60	214	942
均值	3.635	3.433	3.319	3.232	3.455
标准差	0.804	0.759	0.816	0.850	0.815
统计量			12.042		
显著性			0.000		

从表 3-4-14 中可以看出，通过多重分析进一步比较样本之间差异的显著与否，在 0.05 水平下，均不参加的样本与其他三组样本之间差异显著，均参加的样本与其他三组样本之间差异显著，参加个人项目的样本与均参加的样本差异不显著，参加集体项目的样本与均参加的样本差异显著，参加个体项目的样本与参加集体项目的样本在交际智能维度上没有明显差异。

运动参与和多元智能

表 3-4-14 运动参与项目与交际智能的关系

运动参与项目类型		均值差	标准误	p
个人/集体都不参加	参加个人项目	−0.20104	0.072	0.032
	参加集体项目	−0.087	0.120	0.978
	均参加	−0.39988	0.072	0.000
参加个人项目	参加集体项目	0.114	0.114	0.899
	均参加	−0.19884	0.061	0.096
参加集体项目	均参加	−0.31315	0.114	0.043

根据实际运动的体验，一般认为参加集体项目的学生交际智能应该相对优于只参加个体项目的学生。因为在排球、足球等集体项目中，经常看到运动员和队友、教练员进行肢体或者语言的沟通，在这个过程中交际智能是能够得到锻炼的。根据统计结果来看，只参加个人项目的样本与只参加集体项目的样本差异并不显著。这样的结果说明参加个人项目和集体项目都能够对交际智能的发展有帮助，但差异不显著。因此并不能说明在交际智能发展方面，参加集体项目比参加个人项目更有效。

本研究认为交际智能的水平可能与参与集体项目的程度有关。根据统计结果得出，经常参加足球、篮球、排球的学生均值得分高于不经常参加的学生。从表 3-4-15 中的独立样本 T 检验可以看出，在四个集体项目方差不等的情况下，方差显著性均大于 0.05，说明高中生参与集体项目的强度大小在交际智能水平上没有显著差异。

表 3-4-15 集体项目参与频率与多元智能的关系

集体项目类型	频率	均值	标准差	F	p
足球	不经常参加	3.719	0.735	0.055	0.815
	经常参加	3.695	0.811		
篮球	不经常参加	3.756	0.729	0.058	0.809
	经常参加	3.701	0.732		
排球	不经常参加	3.259	0.478	2.270	0.146
	经常参加	3.502	0.193		

4.6 运动参与项目类型与内省智能的关系

从表 3-4-16 中可以看出,参与不同类型项目的样本均值得分从高到低呈现以下规律:均参加>参加个人项目>参加集体项目>均不参加。数据统计显示,显著性为.000,说明在内省智能维度上,参加个人项目、参加集体项目、均参加和均不参加的样本之间均呈现显著性差异。

表 3-4-16 运动参与项目类型与内省智能关系的描述性统计

指标	均不参加	参加个人项目	参加集体项目	均参加	总数
人数	216	312	60	356	945
均值	3.232	3.800	3.495	3.846	3.700
标准差	0.850	0.576	0.781	0.695	0.754
统计量			45.199		
p			0.000		

表 3-4-17 是进一步分析四组样本的两两之间均值差异的显著性的结果。通过数据可以看出,只有参加个人项目的样本与均参加的样本之间差异不显著,其他样本之间均呈现显著性差异。尤其是参加个人项目的样本与参加集体项目的样本,二者呈现显著性差异,并且在均值的得分方面,参加个人项目的样本大于参加集体项目的样本,这样的结论证明参加个人运动项目对内省智能的发展有一定的帮助。

表 3-4-17 运动参与项目与内省智能的关系(LSD)

组别(I)	组别(J)	均值差(I-J)	标准误	p
均不参加	参加个人项目	−0.654	0.063	0.000
	参加集体项目	−0.256	0.103	0.013
	均参加	−0.607	0.061	0.000
参加个人项目	均参加	0.047	0.055	0.387
	参加集体项目	0.397	0.100	0.000
参加集体项目	均参加	−0.350	0.099	0.000

注:均值差的显著性水平为 0.05。

5 结 语

5.1 结 论

5.1.1 本研究编制的高中生多元智能评定量表具有良好的信效度

本研究的目的之一是设计高中生多元智能评定量表,从文献整理学习、专家访谈,到问卷的设计、修改,再到形成量表,都严格遵循心理测量和科学数据分析的原则,经过结构效度和内部信度检验,最终形成高中生多元智能评定量表,可作为智力评测工具考查高中生的多元智能倾向及其发展水平。本研究运用SPSS24.0和AMOS24.0对收集的样本进行验证性因素分析,在遵循理论要求和模型建构原则的前提下,不断地拟合,完成适配要求。本量表涵盖了加德纳多元智能理论中已经确定的八种智能维度,分别是数学智能、语言智能、运动智能、空间智能、音乐智能、交际智能、内省智能和自然智能。

在研究中发现,各种智能维度之间都存在着中低度的相关关系。其中,数学智能、空间智能与其他智能之间大部分存在低度的相关关系,而语言智能、运动智能、空间智能、音乐智能及内省智能与交际智能之间存在中度的相关关系,其他智能之间存在的都是低度的相关关系。

5.1.2 高中生参与运动能够提高多元智能水平

1. 参与运动的高中生多元智能水平相对较高

从研究结果中不难看出,运动参与和多元智能普遍存在正相关关系,也就是说,经常参与运动能够提高智能水平。文献综述中所提到的国内外学者的研究也有类似的结论。当人工智能时代对我们的智能提出挑战的时候,我们应该积极地寻找有效的途径拓展自身的智能发展空间,提高竞争力。社会的飞速发展对于一个人的全面发展提出了更为严苛的要求,作为高中生,即将迈入大学阶段,专业选择和发展方向直接关系到个人未来的发展。运动不仅仅是提高健康水平、保持健康的一种手段，更对个人的全面发展大有裨益。研究结果显示，参与运动的学生在八个维度上的发展水平普遍高于不参与运动的学生，并且存在显著性差异。本研究认为运动参与能够对学生的生理和心理产生积极的正面影响，促进高中生智能的多元发展。运动参与对智能发展的积极影响，对于即将迈入大学、需要个人全面发展适应社会要求的高中生有重要意义。

2. 参加个人项目和集体项目的高中生在交际智能方面无显著差异

研究结果表明，参加个人项目和参加集体项目的高中生在交际智能上并无显著性差异。这与"集体项目促进交际智能发展"的认识有一定的出入。人们通常认为足球、篮球、排球等集体项目，比较需要队员之间通过语言、肢体等进行沟通交流，调整队伍的技战术，及时配合以顺利完成比赛。但在高中生多元智能调查中，并未获得此类结果。本研究认为集体项目对于交际智能的影响与参加项目的程度有关系，只有通过长期、多次的训练积累才能产生显著差异。但通过对四个项目的样本进行独立样本 T 检验发现，参加集体项目频率不同的学生，人际交往水平无显著性差异。以往费辰光对于大学生的研究，也未能发现集体项目更有助于交际智能的发展。高中生参与运动的频率比较有限，而交际智能是否需要更高频率的参加，从而出现显著性差异，需要更进一步的分析与研究。

3. 参加个人项目的高中生在内省智能上水平相对较高

多元智能理论通常认为，参加个人项目的学生需要时刻关注自己的动作和状态，同时要关注对手的战略变化细节，通过观察比赛情况，对自己的技战术进行一定的调整，以更好地完成比赛，这个过程中的自我沟通和思考的程度高于集体项目。因此内省智能的水平会高一些。

通过本研究的样本分析可知，只参加个人项目和只参加集体项目的样本在内省智能上存在显著性差异，前者内省智能均值得分也高于后者，统计结果与研究理论假设一致。因此，参加个人项目的学生内省智能水平更高，经常参与个体运动有助于促进内省智能的发展。

4. 除运动智能外，高中生运动参与的频率不同在其他七种智能水平上无显著差异

根据最小显著差异多重比较检验发现，不参加和经常参加运动的两组样本在

运动参与和多元智能

八种智能上呈现显著性差异。但是经常参加和不经常参加的两组样本在语言智能、数学智能、空间智能、交际智能、内省智能、自然智能及音乐智能上并无明显差异，参与运动的频率在多数智能上并无明显差异。在运动智能方面，经常参加、不经常参加和不参加的样本均呈现显著性差异，均值差按大小排列为经常参加>不经常参加>不参加。

5. 高中生运动参与的频率不同在音乐智能水平上无显著差异

通过对音乐智能的研究发现，经常参加运动的高中生和不经常参加运动的高中生差异不显著。研究认为音乐智能具有一定的独立性，并且音乐素养确实需要长时间的熏陶和积累，如果将多数时间花在体育运动上，则很难对音乐智能发展有所促进。从这一点上来说，统计结果是符合实际情况的。

5.2 建　议

5.2.1 高中生应该树立正确的体育观，主动参加体育活动

通过八所中学的调查结果发现，约四成的高中生除体育课外，不参加任何体育活动，其原因多为课业压力比较大、缺乏锻炼的时间和对体育锻炼没兴趣。虽然高中生面临着升学的压力，但是保持健康的体魄是保证学习效果的关键。高中生应该积极主动地参加各类体育活动，劳逸结合，转变体育观念，正确对待学习与运动的关系，合理安排学习和运动的时间，养成体育锻炼的习惯，培养体育兴趣，为自己的人生赢得更多发展机会。

5.2.2 学校应努力激发学生兴趣，丰富体育活动

高中正值重要的升学阶段，课业固然重要，但拥有一个健康的体魄是保持良好学习状态的重要前提。运动参与不仅仅能够强身健体，更能够促进智能的发展。积极的态度能够促使学生主动参加体育活动，建议学校和体育教学工作者积极引导学生参加各类体育活动，丰富学校的体育活动，如举办各种类型的趣味运动会、积极推动体育社团的建设等，让学生爱上运动，挖掘学生的身体潜能。教师也应该树立正确的观念，认识到经常参加体育活动对于智能的全面发展有很大帮助，

也能够让学生的学习效果最大化，全方位保证学生的运动参与。

5.2.3 学校应合理安排学生运动时间，发展多种运动项目

多数学生因为时间关系，参加的个人项目主要是跑步，较少参加集体项目，集体项目主要以足球、篮球、排球为主，较少的学校涉及棒球课。建议学校积极开展各种类型的体育项目，给予学生充分选择的权利，这既有助于学校体育的发展，也有利于挖掘学生的运动潜能。

5.3 研究不足及后续研究问题

因时间和个人能力有限，本研究存在诸多不足，有待后续进行补充和完善。在问卷设计过程中，一方面，题目的设计仍存在一定的缺陷，最终确定的量表中删除了较多载荷情况较差的题目，说明有部分题目的设计并不能够反映调查内容，需要对多元智能理论进行更深入的理解和研究；另一方面，由于各种因素，未能对多元智能领域的专家进行访谈，这也是本研究的一大遗憾。

以往的研究和本研究都未能发现不同类型运动项目和学生交际智能之间的关系，未来会在这方面进行深入的研究；当前的研究缺乏时间跨度，无法了解高中生运动过程中的智能发展情况，在后续研究中，需要进行纵向研究，以观察运动参与对多元智能发展的影响。

附　　录

附录1　"高中生多元智能水平调查量表"专家意见表

尊敬的专家：

您好！我是北京师范大学"高中生多元智能水平调查"课题组成员。首先感谢您在百忙之中抽空阅读"高中生多元智能水平调查量表"并提出宝贵的修改意见。

高中生多元智能水平调查基于美国哈佛大学教育研究院的心理发展学家霍华德·加德纳的多元智能理论，该理论将智能分成以下八个维度：语言智能、数学智能、运动智能、空间智能、音乐智能、交际智能、内省智能、自然智能。本研究根据每种智能维度的结构（二级指标），针对每种智能分别编制了12道题目，制定了八个独立的问卷。

请您审阅每种智能维度的题目，每道题目后有1~10个评分等级，1表示非常不合适，10表示非常合适。请根据您的理解，判定这些题目用来测量相关智能水平的合适程度，并在相应的分数下打"√"。另请在结尾提出修改意见。感谢您的殷切指导！

1. 语言智能

语言智能主要指能够通过口头语言和书面文字进行表达及理解的能力。具体表现为能够清楚地表达事件，理解他人语言的含义，运用语言或者文字完成与他人的沟通交流。作家、记者、律师、主持人等在语言智能方面通常有较为突出的表现。

一级指标	二级指标	非常不合适……非常合适
语言表达能力	1. 我能够比较清楚地表达自己的观点	1 2 3 4 5 6 7 8 9 10
	2. 我能在公众场合发表演讲，如参加演讲比赛	1 2 3 4 5 6 7 8 9 10
	3. 我善于说服他人	1 2 3 4 5 6 7 8 9 10

续表

一级指标	二级指标	非常不合适……非常合适
语言表达能力	4. 我喜欢讨论或辩论	1 2 3 4 5 6 7 8 9 10
	5. 我喜欢写作	1 2 3 4 5 6 7 8 9 10
	6. 我文笔流畅	1 2 3 4 5 6 7 8 9 10
	7. 我喜欢使用文字在微博、微信上表达观点或意见	1 2 3 4 5 6 7 8 9 10
语言理解能力	8. 我喜欢用喜马拉雅等软件听小说、相声等语言类节目	1 2 3 4 5 6 7 8 9 10
	9. 我很容易就能学会方言	1 2 3 4 5 6 7 8 9 10
	10. 我会利用课余时间读自己喜欢的书	1 2 3 4 5 6 7 8 9 10
	11. 我对文言文的理解能力强	1 2 3 4 5 6 7 8 9 10
	12. 我擅长模仿别人说话	1 2 3 4 5 6 7 8 9 10
	13. 我能够很容易明白别人的指示、谈话内容及其言外之意	1 2 3 4 5 6 7 8 9 10
	14. 我在跟别人交流时经常引经据典	1 2 3 4 5 6 7 8 9 10
	您对语言智能因素题目的整体评价	1 2 3 4 5 6 7 8 9 10

您对语言智能的修改意见：

2. 数学智能

数学智能主要指个人具备逻辑思维，思考与解决问题倾向于寻找事物的规律和逻辑顺序，喜欢寻找各种解决问题的途径，对于科学实验、科学原理感兴趣，更容易接受能够被测量、归类的事物。这种智能优异的人一般有以下两个特点：一是解决问题的速度快得惊人；二是答案在语言表达之前就已经产生。通常从事与数字、科学研究有关工作的人具备较强的数学智能。

一级指标	二级指标	非常不合适……非常合适
运算能力	1. 数学是我最喜爱的学科	1 2 3 4 5 6 7 8 9 10
	2. 我的运算又快又准	1 2 3 4 5 6 7 8 9 10
	3. 我的心算速度快	1 2 3 4 5 6 7 8 9 10
	4. 在日常生活中，我喜欢进行数字计算，如核对购物、餐饮小票金额	1 2 3 4 5 6 7 8 9 10

◇◇ 运动参与和多元智能

续表

一级指标	二级指标	非常不合适……非常合适
逻辑与组织能力	5. 我喜欢分条、分点地记笔记	1 2 3 4 5 6 7 8 9 10
	6. 我习惯发现人们的言行中不合逻辑的地方	1 2 3 4 5 6 7 8 9 10
	7. 我非常有好奇心，对一件事情的前因后果总是刨根问底	1 2 3 4 5 6 7 8 9 10
	8. 在看电影或者听故事的时候，我通常会根据故事的情节猜到结局	1 2 3 4 5 6 7 8 9 10
	9. 我特别喜欢看侦探小说及警察破案的影片或电视剧	1 2 3 4 5 6 7 8 9 10
	10. 我擅长玩策略或者益智类的游戏，如魔方、国际象棋、跳棋等	1 2 3 4 5 6 7 8 9 10
抽象思维能力	11. 我对科学新发现的原理很感兴趣	1 2 3 4 5 6 7 8 9 10
	12. 我对科学实验很着迷	1 2 3 4 5 6 7 8 9 10
	13. 我解数学题的速度很快，并且总能想到不同的解题思路	1 2 3 4 5 6 7 8 9 10
	14. 我对计算机编程感兴趣	1 2 3 4 5 6 7 8 9 10
	您对数学智能因素题目的整体评价	1 2 3 4 5 6 7 8 9 10

您对数学智能的修改意见：

3. 运动智能

运动智能也被叫作身体动觉智能，指能够灵活地运用肢体进行感知和表达的能力。肢体运动可以分为大肌肉群的运动和小肌肉群的运动。具备运动智能的人在进行表达时习惯用手势或者肢体语言，喜欢参与体育活动，动作敏捷，具有良好的协调性，喜欢动手制造。运动员、舞蹈家、医生等一般具备较高的运动智能。

一级指标	二级指标	非常不合适……非常合适
身体感知能力	1. 在学校里，相比其他课程我更喜欢体育课	1 2 3 4 5 6 7 8 9 10
	2. 我很容易就能学会一项新的运动技能或者一套舞蹈动作	1 2 3 4 5 6 7 8 9 10
	3. 我酷爱运动，有自己擅长的运动项目	1 2 3 4 5 6 7 8 9 10

续表

一级指标	二级指标	非常不合适……非常合适
大肌肉群运动能力	4. 我在身体失去平衡时总能够有效避免受伤	1 2 3 4 5 6 7 8 9 10
	5. 我身体协调性好，擅长跳舞、体操等	1 2 3 4 5 6 7 8 9 10
	6. 我喜欢参加各种类型的体育活动	1 2 3 4 5 6 7 8 9 10
	7. 我柔韧性很好	1 2 3 4 5 6 7 8 9 10
	8. 我动作敏捷、反应快	1 2 3 4 5 6 7 8 9 10
小肌肉群运动能力	9. 动手操作对我来说是一种很好的学习方法	1 2 3 4 5 6 7 8 9 10
	10. 我喜欢动手做事，如缝纫、制作模型等	1 2 3 4 5 6 7 8 9 10
	11. 我手指灵活，擅长做手指游戏，手影游戏等	1 2 3 4 5 6 7 8 9 10
身体表达	12. 与人交流时，我喜欢用肢体语言表达意见及情感	1 2 3 4 5 6 7 8 9 10
	13. 我善于模仿别人的肢体动作或者面部表情	1 2 3 4 5 6 7 8 9 10
	14. 我喜爱舞蹈或者表演	1 2 3 4 5 6 7 8 9 10
	您对运动智能因素题目的整体评价	1 2 3 4 5 6 7 8 9 10

您对运动智能的修改意见：

4. 空间智能

空间智能主要指个人具备准确的空间判断能力，能够正确判断空间方位。具备空间智能的人往往会对各种色彩、曲直线等空间结构有较强的识别能力，能够将物体的空间关系通过平面图形或者立体造型表达出来，并借此表达思想和情感。

一级指标	二级指标	非常不合适……非常合适
形象思维	1. 我能够很容易看出三维图像	1 2 3 4 5 6 7 8 9 10
	2. 我擅长做立体几何题	1 2 3 4 5 6 7 8 9 10
	3. 我喜欢用图、表等代替语言文字描述数据	1 2 3 4 5 6 7 8 9 10
	4. 我在阅读的时候更多地是从图片中获取信息，而不是文字	1 2 3 4 5 6 7 8 9 10
	5. 我能够很容易地找出几幅图片的不同之处	1 2 3 4 5 6 7 8 9 10

◇◇ 运动参与和多元智能

续表

一级指标	二级指标	非常不合适……非常合适
形象思维	6. 我能够很轻松地根据表述想象出一个景象或者事物的样子	1 2 3 4 5 6 7 8 9 10
空间意象	7. 我有很好的色彩感觉，很容易辨别颜色的深浅程度	1 2 3 4 5 6 7 8 9 10
	8. 我喜欢玩积木或者拼图游戏	1 2 3 4 5 6 7 8 9 10
	9. 我擅长摄影，并喜欢用相机记录生活	1 2 3 4 5 6 7 8 9 10
	10. 我一般能够在陌生的城市中利用地图、路标等找到路，很少迷路	1 2 3 4 5 6 7 8 9 10
	11. 我喜欢制作有趣的立体模型	1 2 3 4 5 6 7 8 9 10
	12. 我擅长绘画并能够得到人们的赞赏	1 2 3 4 5 6 7 8 9 10
	13. 我擅长素描，能够画出物体的立体感	1 2 3 4 5 6 7 8 9 10
	14. 我能准确地画出人物或者静物图	1 2 3 4 5 6 7 8 9 10
	您对空间智能因素题目的整体评价	1 2 3 4 5 6 7 8 9 10

您对空间智能的修改意见：

5. 音乐智能

音乐智能主要指人能感知音调、旋律变化，以及节奏起伏和音色不同等。音乐是人类的一种普遍本能，虽然不能像数学智能一样被看作智能技巧，但确实是人类与生俱来的"天赋"。具备音乐智能的人通常能够通过演唱、演奏或者歌唱等形式表达和感知情感。指挥家、歌手、演奏家等通常具备较高的音乐智能。

一级指标	二级指标	非常不合适……非常合适
节奏感知	1. 我喜欢音乐课和音乐活动	1 2 3 4 5 6 7 8 9 10
	2. 我习惯跟着音乐轻敲拍子或者跟着音乐的节奏律动	1 2 3 4 5 6 7 8 9 10
	3. 我节奏感很好	1 2 3 4 5 6 7 8 9 10
	4. 我发现有时在走路的时候，脑海里会冒出音乐的旋律	1 2 3 4 5 6 7 8 9 10

续表

一级指标	二级指标	非常不合适……非常合适
音高感知	5. 我唱歌不跑调	1 2 3 4 5 6 7 8 9 10
	6. 我能发现别人唱歌时走音	1 2 3 4 5 6 7 8 9 10
	7. 一首歌曲或乐曲听1~2遍，我就能准确地唱出或哼出	1 2 3 4 5 6 7 8 9 10
	8. 我能够记得自己听过的曲子	1 2 3 4 5 6 7 8 9 10
音乐素养	9. 我会弹奏或者吹奏乐器	1 2 3 4 5 6 7 8 9 10
	10. 同学和朋友都夸我歌唱得好	1 2 3 4 5 6 7 8 9 10
	11. 我喜欢听音乐并谈论音乐方面的事情	1 2 3 4 5 6 7 8 9 10
	12. 我喜欢收藏有关音乐的音像制品	1 2 3 4 5 6 7 8 9 10
音乐理解与灵性	13. 我听到高昂的音乐时会感到亢奋，情绪激动	1 2 3 4 5 6 7 8 9 10
	14. 我的音乐鉴赏力佳，对乐曲、歌曲有独到见解	1 2 3 4 5 6 7 8 9 10
您对音乐智能因素题目的整体评价		1 2 3 4 5 6 7 8 9 10

您对音乐智能的修改意见：

6. 交际智能

交际智能指具备留意人与人之间的差异，观察他人的性格、情绪、意象等的能力。具体表现为理解别人，与不同的人保持良好的人际关系，具备组织能力、协调协商能力。

一级指标	二级指标	非常不合适……非常合适
人际觉察能力	1. 我消息很灵通，能够很快了解周围发生的事情	1 2 3 4 5 6 7 8 9 10
	2. 我周围的同学和朋友时常请我帮忙或让我拿主意	1 2 3 4 5 6 7 8 9 10
	3. 我能够敏锐地觉察别人的喜怒哀乐等情感变化	1 2 3 4 5 6 7 8 9 10
	4. 我能够对微博或者微信上传播的新闻或事件有自己的观点和理解	1 2 3 4 5 6 7 8 9 10
	5. 我善于理解别人的感受和需求	1 2 3 4 5 6 7 8 9 10
	6. 我非常有团队精神，愿意为了团队而妥协	1 2 3 4 5 6 7 8 9 10

◇ 运动参与和多元智能

续表

一级指标	二级指标	非常不合适……非常合适
人际协调能力	7. 我的同学和朋友认为我有号召力与领导才能	1 2 3 4 5 6 7 8 9 10
	8. 我擅长在大家有分歧的时候提出合适的解决方案	1 2 3 4 5 6 7 8 9 10
	9. 我身边有许多好朋友	1 2 3 4 5 6 7 8 9 10
	10. 我会倾听别人说的话，懂得互动，沟通良好	1 2 3 4 5 6 7 8 9 10
	11. 我喜欢参与团体运动，如篮球、足球、排球等	1 2 3 4 5 6 7 8 9 10
	12. 我喜欢参与到学生团体的活动中，如学生会、社团等	1 2 3 4 5 6 7 8 9 10
	13. 有解决不了的问题时，我愿意寻求别人的帮助	1 2 3 4 5 6 7 8 9 10
	14. 我认为通过与他人的交流合作，学习效率会更高	1 2 3 4 5 6 7 8 9 10
	您对交际智能因素题目的整体评价	1 2 3 4 5 6 7 8 9 10

您对交际智能的修改意见：

7. 内省智能

内省智能主要指具备洞悉个人内心世界、了解自己情感和情绪变化的能力，并对此进行识别和标志，成为理解自己和指导自己行动的准则。政治家、作家、心理学家、哲学家在内省智能方面都具有出色的表现。

一级指标	二级指标	非常不合适……非常合适
自我感知	1. 我清楚地知道自己的优点和缺点	1 2 3 4 5 6 7 8 9 10
	2. 我了解我是什么样的人	1 2 3 4 5 6 7 8 9 10
	3. 我经常思考自己的重要人生目标，如高考、大学	1 2 3 4 5 6 7 8 9 10
	4. 我常常能够感受到长辈（父母、老师）对我的期待	1 2 3 4 5 6 7 8 9 10
	5. 我认为我意志坚强、独立性强、不依赖他人	1 2 3 4 5 6 7 8 9 10
	6. 我常常能预感到事情的结果	1 2 3 4 5 6 7 8 9 10
	7. 在同学和亲朋好友中，我很清楚自己的位置及角色	1 2 3 4 5 6 7 8 9 10

续表

一级指标	二级指标	非常不合适……非常合适
自我调节	8. 面对挫折，我能够保持乐观的心态	1 2 3 4 5 6 7 8 9 10
	9. 我习惯制订个人目标，并且为实现目标不懈努力	1 2 3 4 5 6 7 8 9 10
	10. 我会为了提升自我参加课外辅导班或者购买学习材料	1 2 3 4 5 6 7 8 9 10
	11. 我善于计划和分配日常生活、学习、娱乐的时间	1 2 3 4 5 6 7 8 9 10
	12. 我擅长自己做一些重要的决定，如选课	1 2 3 4 5 6 7 8 9 10
	13. 我能够意识到自己的情绪变化，并且很好地控制它	1 2 3 4 5 6 7 8 9 10
	14. 我会总结自己做事成功或失败的经验，使得下次做事更为顺利	1 2 3 4 5 6 7 8 9 10
	您对内省智能因素题目的整体评价	1 2 3 4 5 6 7 8 9 10

您对内省智能的修改意见：

8. 自然智能

自然智能主要指能识别植物、动物类别，认识自然环境变化的能力。自然智能更加关注人在大自然中所呈现的能力。自然智能较高的人通常在大自然的环境中感觉舒适，能够敏锐地感知环境的变化。

一级指标	二级指标	非常不合适……非常合适
自然感知	1. 我对自然界的事物具有敏锐的感觉，如声音、色彩、气味等	1 2 3 4 5 6 7 8 9 10
	2. 相比城市景观，我更喜欢到有自然景观的地方旅游	1 2 3 4 5 6 7 8 9 10
	3. 我喜欢以大自然为主题的电影、摄影、美术或者文学作品，如《动物世界》	1 2 3 4 5 6 7 8 9 10
	4. 我善于预测自然现象的变化，如快下雨了等	1 2 3 4 5 6 7 8 9 10
	5. 我会留意自然环境和周围生活环境的变化	1 2 3 4 5 6 7 8 9 10
	6. 我喜欢以自然景象和动植物为主题的节目、图书和展览	1 2 3 4 5 6 7 8 9 10

◇ 运动参与和多元智能

续表

一级指标	二级指标	非常不合适……非常合适
自然识别	7. 我喜欢研究动植物的种类、分类等	1 2 3 4 5 6 7 8 9 10
	8. 我擅长观察和学习自然知识，如天气类型、地形分类等	1 2 3 4 5 6 7 8 9 10
	9. 我对自然能源系统很着迷，如地热、水能、风能等	1 2 3 4 5 6 7 8 9 10
	10. 我喜欢到公园、植物园、水族馆参观游览，观察自然界的动植物	1 2 3 4 5 6 7 8 9 10
自然互动	11. 我喜欢养小动物，如小狗、小猫等	1 2 3 4 5 6 7 8 9 10
	12. 我喜欢种植花草树木	1 2 3 4 5 6 7 8 9 10
	13. 我经常参与到自然环境保护中，如垃圾分类处理、回收利用等	1 2 3 4 5 6 7 8 9 10
	14. 我喜欢参与户外活动，如登山、钓鱼、露营、漂流等	1 2 3 4 5 6 7 8 9 10
	您对自然智能因素题目的整体评价	1 2 3 4 5 6 7 8 9 10

您对自然智能的修改意见：

请您对本量表总体进行评分	1 2 3 4 5 6 7 8 9 10

附录2 运动参与和高中生多元智能水平调查问卷

亲爱的同学：

你好！

本问卷旨在了解高中生的多元智能水平。问卷中的每道题均有五个等级，分别是"完全不符合""较不符合""一般符合""比较符合""完全符合"。请认真阅读每道题，并按照你对自己的实际认识，在对应的空格内打"√"。本调查仅限于学术研究，并且为无记名答题，请认真填答。

谢谢你的合作。（除提示外，所有问题只选择一个答案）

1. 你的性别：

①男　　　②女

2. 你目前是高中：

①一年级　　②二年级　　③三年级

3. 学生类型：

①普通生　　②体育特长生　　③美术特长生

④音乐特长生　　　⑤其他（请填写）_____

4. 请选择你喜欢的学科（可多选）

①文科　　②理科　　③体育　　④音乐　　⑤美术

5. 除体育课外，你平时参加体育活动吗？

①参加　　②不参加

如果你不参加体育活动，则请回答原因_____

如果你参加体育活动，则请回答6～9题。

6. 除体育课外，你最近半年每周参加体育活动的频率是：

①1次　　②2次　　③3次　　④4次　　⑤5次及以上

7. 你平均每次参加锻炼的时间是：

①30分钟以内　　　②30分钟至1小时

③1～2小时　　　　④2小时及以上

运动参与和多元智能

8. 你平均每次锻炼的运动量是：

①不出汗（小强度）　　②微微出汗（中强度）

③出汗较多（大强度）　　④大量出汗（剧烈强度）

9. 你主要参加的体育活动是（可多选）：

①足球　　②篮球　　③排球　　④棒垒球

⑤体操　　⑥瑜伽　　⑦健美　　⑧游泳

⑨乒乓球　　⑩羽毛球　　⑪网球　　⑫跑步

⑬攀岩　　⑭野外生存　　⑮轮滑　　⑯街舞

⑰跆拳道　　⑱武术　　⑲其他（请填写）_____

你的表现	完全不符合	较不符合	一般符合	比较符合	完全符合
1. 我很容易就能学会方言					
2. 数学是我最喜爱的学科					
3. 我很容易就能学会一项新的运动技能或者一套舞蹈动作					
4. 我能够很容易看出三维图像					
5. 我喜欢音乐课和音乐活动					
6. 我消息很灵通，能够很快了解周围发生的事情					
7. 我清楚地知道自己的优点和缺点					
8. 我对自然界的事物具有敏锐的感觉，如声音、色彩、气味等					
9. 我会利用课余时间读自己喜欢的书					
10. 我的运算又快又准					
11. 我酷爱运动，有自己擅长的运动项目					
12. 我擅长做立体几何题					
13. 我习惯跟着音乐轻敲拍子或者跟着音乐的节奏律动					
14. 我周围的同学和朋友时常请我帮忙或让我拿主意					
15. 我了解我是什么样的人					
16. 相比城市景观，我更喜欢到有自然景观的地方旅游					
17. 我对文言文的理解能力强					

续表

你的表现	完全不符合	较不符合	一般符合	比较符合	完全符合
18．我解数学题的速度很快，并且总能想到不同的解题思路					
19．我在身体失去平衡时总能够有效避免受伤					
20．我喜欢用图、表等代替语言文字描述数据					
21．我节奏感很好					
22．我能够敏锐地觉察别人的喜怒哀乐等情感变化					
23．我经常思考自己的重要人生目标，如高考、大学					
24．我喜欢以大自然为主题的电影、摄影、美术或者文学作品，如《动物世界》					
25．我擅长模仿别人说话					
26．在日常生活中，我喜欢进行数字计算，如核对购物、餐饮小票金额					
27．我身体协调性好，擅长跳舞、体操等					
28．我在阅读的时候更多地是从图片中获取信息，而不是文字					
29．我发现有时在走路的时候，脑海里会冒出音乐的旋律					
30．我对微博、微信上传播的新闻或事件有自己的观点和理解					
31．我常常能够感受到长辈（父母、老师）对我的期待					
32．我喜欢以自然景象和动植物为主题的节目、图书和展览					
33．我能够很容易明白别人的指示、谈话内容及其言外之意					
34．我喜欢分条、分点地记笔记					
35．我柔韧性差					
36．我喜欢参加各种类型的体育活动					
37．我能够很容易地找出几幅图片的不同之处					
38．我唱歌不跑调					

续表

你的表现	完全不符合	较不符合	一般符合	比较符合	完全符合
39. 我善于理解别人的感受和需求					
40. 我常常能预感到事情的结果					
41. 我喜欢研究动植物的种类、分类等					
42. 我在跟别人交流时经常引经据典					
43. 我非常有好奇心,对一件事情的前因后果总是刨根问底					
44. 我柔韧性很好					
45. 我能够很轻松地根据表述想象出一个景象或者事物的样子					
46. 我能发现别人唱歌时走音					
47. 我非常有团队精神,愿意为了团队而妥协					
48. 在同学和亲朋好友中,我很清楚自己的位置及角色					
49. 我擅长观察和学习自然知识,如天气类型、地形分类					
50. 我能够比较清楚地表达自己的观点					
51. 在看电影或者听故事的时候,我通常会根据故事的情节猜到结局					
52. 我动作敏捷、反应快					
53. 我有很好的色彩感觉,很容易辨别颜色的深浅程度					
54. 我能够记得自己听过的曲子					
55. 我的同学和朋友认为我有号召力与领导才能					
56. 面对挫折,我能够保持乐观的心态					
57. 我对自然能源系统很着迷,如地热、水能、风能等					
58. 我能在公众场合发表演讲,如参加演讲比赛					
59. 我特别喜欢看侦探小说及警察破案的影片或电视剧					
60. 我喜欢动手做事,如缝纫、制作模型等					
61. 我喜欢玩积木或者拼图游戏					

第 3 部分　运动参与和高中生多元智能关系的研究

续表

你的表现	完全不符合	较不符合	一般符合	比较符合	完全符合
62. 我会弹奏或者吹奏乐器					
63. 我擅长在大家有分歧的时候提出合适的解决方案					
64. 我习惯制订个人目标，并且为实现目标不懈努力					
65. 我喜欢收集整理大自然中的物品，如岩石、树叶等					
66. 我善于说服他人					
67. 我擅长玩策略或者益智类的游戏，如魔方、国际象棋、跳棋等					
68. 我手指灵活，擅长做手指游戏、手影游戏等					
69. 我擅长摄影，并喜欢用相机记录生活					
70. 同学和朋友都夸我歌唱得好					
71. 我身边有许多好朋友					
72. 我不会吹奏或弹奏乐器					
73. 我会为了提升自我参加课外辅导班或者购买学习材料					
74. 我喜欢养小动物，如小狗、小猫等					
75. 我喜欢讨论或辩论					
76. 我对科学新发现的原理很感兴趣					
77. 与人交流时，我喜欢用肢体语言表达意见及情感					
78. 我能够在陌生的城市中利用地图、路标等找到路，很少迷路					
79. 我喜欢听音乐并谈论音乐方面的事情					
80. 我会倾听别人说的话，懂得互动，沟通良好					
81. 我擅长自己做一些重要的决定，如选课					
82. 我喜欢种植花草树木					
83. 我喜欢写作					
84. 我对科学试验很着迷					
85. 我善于模仿别人的肢体动作或者面部表情					
86. 我擅长素描，能够画出物体的立体感					
87. 我喜欢收藏有关音乐的音像制品					

运动参与和多元智能

续表

你的表现	完全不符合	较不符合	一般符合	比较符合	完全符合
88．我喜欢参与到学生团体的活动中，如学生会、社团等					
89．我能够意识到自己的情绪变化，并且很好地控制它					
90．我经常参与到自然环境保护中，如垃圾分类处理、回收利用					
91．我唱歌跑调					
92．我喜欢使用文字在微博、微信上表达观点或意见					
93．我对计算机编程感兴趣					
94．我喜爱舞蹈或者表演					
95．我能准确地画出人物或者静物图					
96．我能感知一段音乐所表现的情感或内涵					
97．我认为通过与他人的交流合作，学习效率会更高					
98．我会总结自己做事成功或失败的经验，使得下次做事更为顺利					
99．我喜欢参与户外活动，如登山、钓鱼、露营、漂流等					
100．我擅长与人打交道，如服务员、售货员等					

第4部分

运动参与和初中生多元智能关系的研究

本研究课题组运用文献资料法、逻辑分析法、专家访谈法编写了能够表现多元智能水平的评量项目，制定了初步的初中生多元智能量表。然后运用问卷调查法、数理统计法（SPSS18.0）对 1200 个样本进行调查、统计和检验，并运用 LISREL8.80 建构二阶结构方程模型，结合数据进行验证性因素分析和 15 次模型修正，确定了最终的初中生多元智能量表。

初中生多元智能量表分为八个子量表（语言智能量表、数学智能量表、音乐智能量表、空间智能量表、运动智能量表、内省智能量表、交际智能量表、自然智能量表）每个子量表包括 8～15 道测评项目，每个测评项目依照被试者的由低到高的认同程度按 1、2、3、4、5 计分，最后每个子量表得分总和为该智能的得分。

将初中生多元智能量表与中学生运动参与调查问卷合并成初中生运动参与和多元智能的关系调查表，在北京市部分城区初中进行测试。得出结论：八种智能之间存在中低度相关。初中生是否参与运动对部分智能影响较大。初中生运动参与的经常性明显影响部分智能的发展，并且对不同智能影响的程度不同。初中生参与运动项目的不同对其交际智能影响较大，但对内省智能影响不大。

1 研究背景

改革开放以来，我国学校体育在教育和体育事业的深化改革过程中得到了长足的发展，在教育和体育理念上也有了新的要求。

在时空观层面上，学校体育的界限得到了拓宽。这种拓宽远远超出了学习阶段，更是在不断满足未来个体发展和社会发展的需求。

在学生层面上，学校体育更注重学生的主体性。体育不仅仅能让学生学到知识、技术或技能，更能通过体育活动过程中的体验形成相对稳定的主体意识并转化为行为方式，突出学生的运动参与动机，培养学生运动参与能力。

在运动层面上，学校体育对运动参与有更深刻的理解。在运动促进人的身心全面发展、加速社会化作用以外，运动的休闲性、娱乐性等作用也日益凸显。这要求学校体育的设计应转向对多种运动方式的关注和对学校体育的创新，使运动真正形成多向互动的有机整体，以满足学生参与的需要作为选择运动的基本出发点。

以往研究中存在很多问题，如研究对象可控性差、测量工具评测维度单一、评价层面肤浅等问题。加德纳的多元智能理论将智力提升到多元智能的高度，为研究运动与智力或智能的关系打开了一个全新的视角，并为编制一个评测维度相对全面的测量工具提供了理论支撑，还为进行深入细致的评价提供了可能。

1.1 研究目的

本研究的目的有两个，具体如下。

（1）为初中生多元智能评定编制一个本土化量表——初中生多元智能量表。

（2）通过对不同运动参与状况和多元智能水平的评测，建立运动参与和多元智能发展水平之间的信息关联，寻找这些信息背后隐藏的问题，剖析初中生智能发展的关注盲区，探索有利于学生智能全面发展的教学和培养模式，为教学改革提供理论依据。

1.2 研究意义

1.2.1 理论意义

（1）本研究试图运用多元智能理论建立新的关于初中生多元智能发展水平的评价体系，以及了解北京市城区初中生多元智能的发展水平，并在此基础上对初中生运动参与的状况和效果进行研究，提供初中生的运动参与状况对多元智能水平影响的量化信息。

（2）本研究将从多元智能理论的角度再探教学改革中存在的问题，对学校体育教学固有的思想观念提出一些质疑，使今后有关体育教学的研究能够更多地将课堂与课外相结合，将身体与智能相结合，以期为初中生教育的可持续发展提供新的视角。

1.2.2 实践意义

（1）对初中生课外运动参与情况加以科学有效的指导；呼吁家长在培养子女时，能够从"读书唯上"的思想中走出来，更多地关注运动对子女多元智能发展的影响，使学生的智力潜能得到更好的发展。

（2）为初中生的自我评价和考查提供有效依据，为初中生自身智能的发展提供一面科学的镜子，正确客观地评价自己，并思考自身的发展方向，为其课上课下的学习和运动提供针对性的借鉴与指导。

1.3 研究创新

本研究在加德纳多元智能理论之上开发适合初中生评测的多元智能量表，为以后的初中生多元智能研究提供一个科学、稳定的量化工具。通过评测结果全面、细化地梳理运动参与和各智能维度之间的关系，以数据分析验证多元智能理论，并尝试把理论和实践相结合，从多视角探讨如何正确认识和科学发掘初中生的多元智能，以期为初中生素质教育提供一些参考。

2 研究设计

2.1 研究对象

研究对象为北京市城区中学的初中生的性别、年级、学生类型、参与的运动项目、运动时间、运动强度与其多元智能的关系。

2.2 研究思路

本研究将通过质性研究和量化研究相结合的方法进行研究，研究思路如图 4-2-1 所示。

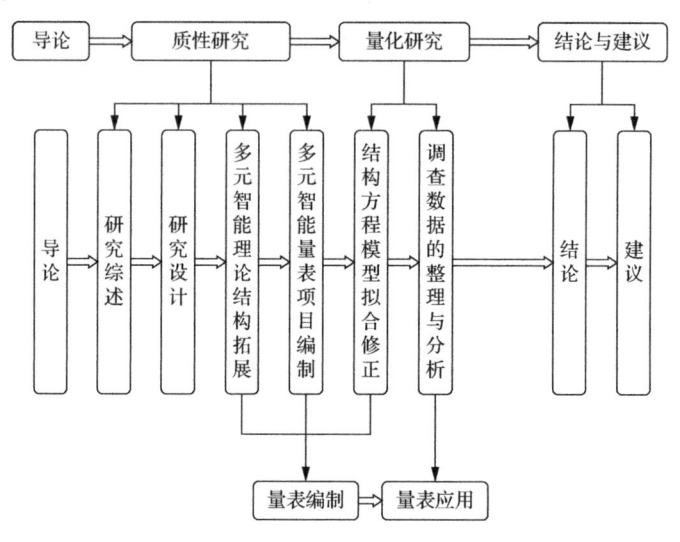

图 4-2-1 研究思路

2.3 研究方法

2.3.1 文献资料法

课题组从搜集及整理有关多元智能和运动参与的文献资料出发，以求为本研究提供理论支撑；共查找相关书籍46部、期刊64篇、硕博论文16篇、其他相关资料9篇，为本研究提供了科学参考。

2.3.2 逻辑分析法

课题组在文献收集整理的基础上，归纳八种智能的定义、表征和行为表现，提出各智能的原始参考指标，分类整理形成分类参考指标，设计各智能的评量项目（每个项目都是调查研究对象能否完成与某种智能相关的活动，从而评价研究对象的多元智能水平）。

2.3.3 专家访谈法

课题组对十位体育教学领域、多元智能领域、心理学领域的专家进行访谈，请他们对各智能的评量项目的内容效度进行评价，并对本研究思路进行批评指导。

2.3.4 问卷调查法

在编制初中生多元智能量表期间，课题组共向北京市城区初中（北京师范大学附属实验中学、人大附中西山学校、北京市三帆中学、北京市建华实验学校、北京市第二十中学、北京市八大处中学）的学生发放了1200份问卷，回收有效问卷877份，样本有效率达到73.1%；在探讨初中生运动参与和多元智能的关系的过程中，共发放800份调查表，回收有效调查表636份，有效率为79.5%。

2.3.5 数理统计法

课题组应用SPSS18.0统计收集的877份有效样本的数据，检验问卷的信效度，进行相关分析；运用LISREL8.8建构二阶结构方程模型，进行验证性因素分析和模型修正。

3 初中生多元智能量表的研制与检验

3.1 初中生多元智能量表的设计原理与要求

3.1.1 初中生多元智能量表的设计原理

初中生多元智能量表项目的内容和素材来源于北京市初中生的日常学习环境，与现实生活紧密相连。在结合多元智能理论的基础上，课题组深入剖析每种智能的核心要素，精心设计出能够准确反映这些智能各方面特征的重要指标，从中选择适合初中生的关键表征来构建量表项目，以确保其科学性和实用性。

在编排题目时，尽量结合初中生生理年龄和心理年龄的特征及北京的语言文化环境特点，选择较口语化、通俗化的语言进行表达。初中生多元智能量表项目的量化采用五级量表（完全不符合、较不符合、一般符合、比较符合、完全符合）选择性题目，学生读过题目后选择自己认同的程度即可，操作简洁方便。

3.1.2 初中生多元智能量表的设计要求

（1）北京市区初中生的生活条件比较优越、学习资源比较丰富，但是生活范围较固定，学习形式较单一，因此量表设计形式应注重人性化，量表的项目内容应该接近学生生活。

（2）考虑到初中生专注能力和语言理解能力稍显不足，量表的题目内容应该通俗易懂，便于学生理解，保证量表的可读性。

（3）量表设计应紧密结合多元智能理论的八个维度，每个维度的题目要有针对性，并且各维度之间的题目尽量避免相同或相关。

（4）学生之间存在颇大程度和范围的能力差异，传统的学业成绩评量未能真正反映学生的潜质、兴趣和特长，而多元智能量表的设计应完成以上任务，正确合理测量出学生不同的智能水平。

3.2 初中生多元智能量表的设计步骤

3.2.1 根据智能的定义提取原始参考指标并分类

课题组依据加德纳的多元智能理论的内涵,参考澳门大学张国祥教授的研究团队编制的多元智能量表和台湾师范大学吴武典教授的多元智能理论的研究成果[1],并在翻译学家的帮助下,提取每种智能的原始定义或表征,与中文版《心智的架构》进行反复比较,最后结合我国文化背景,列举了每种智能可能表现出来的品质,提取的原始参考指标如表 4-3-1～表 4-3-8 所示。

表 4-3-1 语言智能的定义或表征与原始参考指标的提取对照表

定义或表征	原始参考指标
有效地运用口语(如演说家、政治家)或文字(如作家、诗人、剧作家、编辑或记者)的能力。这项智能包括把语法(语言的结构)、语音(语言的发音)、语义(语言的意思)和语用(语言的实际使用)等向度结合并运用自如的能力,并能够使用修辞学(运用语言说服他人采取一项特定行动)、记忆策略(运用语言记忆讯息)、诠释(运用语言告知)及后设语言(运用语言讲述语言本身)等技能。 第一种用途是语言的说服功能。第二种用途是语言的记忆潜能。第三种用途是语言的解释作用。最后一种用途是语言有解释自己行为的潜力,即运用语言思考语言的能力,也就是进行元语言学[2](Metalinguistic)分析的能力	1. 领会语言的能力 2. 语法记忆的能力 3. 语义记忆的能力 4. 把握语言运用时机的能力 5. 语音、语义结合运用能力 6. 用语言解释语言的能力 7. 运用语言诠释的能力 8. 记忆信息的能力 9. 概括语言的能力 10. 推理辨析的能力

---

[1] 吴武典. 多元智能的理念与研究[J]. 现代特殊教育,1999(12):12-15.
[2] 元语言学是研究语言与其他文化活动之间关系的语言学。

表 4-3-2 音乐智能的定义或表征与原始参考指标的提取对照表

定义或表征	原始参考指标
察觉、辨别、改变和表达音乐的能力（如音乐评论家、作曲家、音乐演奏家）。这项智能包括对节奏、音调、旋律或音色的敏感性。它包括透过认知，由上而下（Top-down）地理解（属于统整性的、直觉的）音乐，或透过知觉，或由下而上（Bottom-up）地理解（属于分析的、技术的）音乐，或两者兼备。 音乐最主要的组成要素分别是音高和节奏，也就是以某种频率发出的、按一定规则系统地组合起来的声音。音乐织体的一部分是横向的，即音乐随着时间展开时音高之间的关系；另一部分则是纵向的，也就是当两到三个音同时响起时，产生协和的或不协和的音程效果。仅次于音高和节奏的音乐要素是音色，也就是一个音的特质。 斯特拉文斯基（Stravinsky）说，"音乐有其自身的表达意义……作曲家的创作就是自己情感的具体化。当然也可以认为音乐是表达作曲家情感或者是这种情感符号化的一种形式"	1. 觉察音高的能力 2. 觉察音乐节奏的能力 3. 觉察音色的能力 4. 辨别音高的能力 5. 辨别音乐节奏的能力 6. 辨别音色的能力 7. 领悟音乐内涵的能力 8. 记忆音乐的能力 9. 记忆乐理的能力 10. 创作、表达音乐的能力

表 4-3-3 数学智能的定义或表征与原始参考指标的提取对照表

定义或表征	原始参考指标
有效地运用数字和推理的能力（如数学家、税务会计、统计学家、科学家、计算机程序设计员或逻辑学家）。这项智能包括对逻辑的方式和关系、陈述和命题、功能及其他相关的抽象概念的敏感性。这项智能的表现在于能将这些抽象的概念运用于分类、分等、推论、概括、计算和假设检定。 数学家的特征是喜欢从事抽象的思考，喜欢"在高压下，也就是在难题的压力下进行计算"。数学家才能中最核心、最难以替代的特征很可能就是熟练地处理一系列逻辑问题的推理能力	1. 分类、分等的能力 2. 概括的能力 3. 假设、推论、检定的能力 4. 逻辑推理的能力 5. 精确计算的能力

表 4-3-4　空间智能的定义或表征与原始参考指标的提取对照表

定义或表征	原始参考指标
准确地感觉视觉空间（如猎人、侦察员或向导），并把知觉到的表现出来（如室内设计师、建筑师、工程师、美术家或发明家）。这项智能包括对色彩、线条、形状、形态、空间及它们之间的关系的敏感性。其中也包括将视觉和空间的想法立体化地在脑海中呈现出来，以及在一个空间的矩阵中很快地找出方向的能力。 空间智能的核心能力是准确地感知视觉世界的能力，是一个人对最初感知到的东西进行转化和修正，即使有关事物不存在，也能够重新找回视觉体验的某些方面的能力。 空间智能包含许多松散联系着的能力：认同具有相同因素的实例的能力；把一种因素转变成另一种因素的能力或者辨认某种转变了的因素的能力；产生心理意象，然后转化这种意象的能力；等等	1. 对色彩、形态、线条的感知能力 2. 对空间关系的感知能力 3. 对视觉和空间感知记忆的能力 4. 辨别方向的能力 5. 辨识相同因素的能力 6. 视觉和空间感觉立体化的能力 7. 空间设计的能力 8. 转化心理意象的能力

表 4-3-5　运动智能的定义或表征与原始参考指标的提取对照表

定义或表征	原始参考指标
善于运用整个身体来表达想法和感觉（如演员、运动员和舞者），以及运用双手灵巧地生产或改造事物（如工匠、雕塑家、机械师或外科医师）。这项智能包括特殊的身体技巧，如协调、平衡、敏捷、力道、弹性和速度，以及本体感觉的、触觉的和由触觉引发的能力。 对人的整个身体运动的控制能力和熟练摆弄物体的能力是运动智能的核心。 这种智能的特点，就是从表达的目标、明确的目的出发，通过细致划分的高超技巧运用身体的智能。我们能从玛索（Marceau）表演奔跑、爬山或扛箱子的行为中，看出这种智能。它还有一个特点，就是具有熟练操作工作对象的能力，其中既包括手指与手做出细微动作的能力，又包括运用身体做出大幅度动作的能力	1. 用身体表达想法和感觉的能力 2. 身体素质（协调、平衡、敏捷、力道、弹性和速度） 3. 对身体运动的控制能力 4. 身体的本体感知能力 5. 精密控制客体的能力 6. 运用身体做出大幅度动作的能力 7. 熟练控制物体的能力 8. 对身体动作进行记忆的能力

表 4-3-6 内省智能的定义或表征与原始参考指标的提取对照表

定义或表征	原始参考指标
有自知之明，并据此做出适当行为的能力。这项智能包括对自己相当了解（如优缺点、特点），意识到自己的内在情绪、意向、动机、脾气和欲求，以及自律、自知和自尊的能力。小说家、宗教家等多具有这方面优越的能力。 人的内在发展能力与个体对自身生活的感受密切相关，是关乎个体对自己或他人的情感与情绪深度感知的能力。这种能力能够直接辨别生活中的感受，并最终用符号化的记号去标记这些感受，利用它们理解与指导自己的行为。这种自我认知智能在原始的形式中，不过是区分痛苦与快乐的能力。这种智能的最高水平，是监测并符号化自身情绪和高度区分情感种类的能力。人们发现那些对这种情感进行描写的小说家，如普鲁斯特（Proust），那些对自己生活感受获得深刻认识的患者（或治疗者），那些为劝说某群体成员动用自己丰富内心体验的长者，都有着发达的这种形式的智能	1. 了解自己的优缺点的能力 2. 区分自己的情感的能力 3. 感知自己的意向、动机的能力 4. 感知自己的脾气的能力 5. 感知自己的欲求的能力 6. 符号化自己的感受 7. 自我激励的能力 8. 自我情绪监测的能力

表 4-3-7 交际智能的定义或表征与原始参考指标的提取对照表

定义或表征	原始参考指标
察觉并区分他人的情绪、意向、动机及感觉的能力。这包括对脸部表情、声音和动作的敏感性，辨别不同人际关系的暗示，以及对这些暗示做出适当反应的能力。具备这种能力者最适合担任教师、社会工作者、心理辅导员、销售人员等。 这种能力的核心是发现其他个体之间的差异并加以区别，尤其是对他们的情绪、气质、动机与意向进行区分。如果从交际智能最基本的形式来看，则会发现这种智能可以使幼儿拥有辨认周围的人物并观察他们各种情绪的能力。如果从交际智能最高的形式来看，则会发现交际知能使成熟的成年人解读他人的意向与欲望（即使这种意向与欲望是隐藏着的），而且很可能会根据这类知识而做出行动。例如，影响一群完全不同的人，使他们按照一个人希望的路线行动	1. 觉察别人情绪和动机的能力 2. 觉察别人意图和欲望的能力 3. 辨别人际关系暗示的能力 4. 区分别人的情绪、气质、动机与意向的能力 5. 善于沟通交流 6. 善于协调人际关系

表 4-3-8 自然智能的定义或表征与原始参考指标的提取对照表

定义或表征	原始参考指标
自然智能的独特之处是强调人和环境的互动，能了解、欣赏大自然的奥妙，与之和谐而快乐地共存、共荣。具备这种能力者最适合担任公园解说员、星象观测员、农夫、生物学家及环境生态学家、环保人士等	1. 能区分生物种类 2. 乐于融入大自然 3. 乐于探索自然奥秘 4. 善于观察不同的自然变化 5. 用行动保护自然环境 6. 能与其他生物和谐相处

经过整理分类，得到多元智能三级结构，如图 4-3-1 所示。

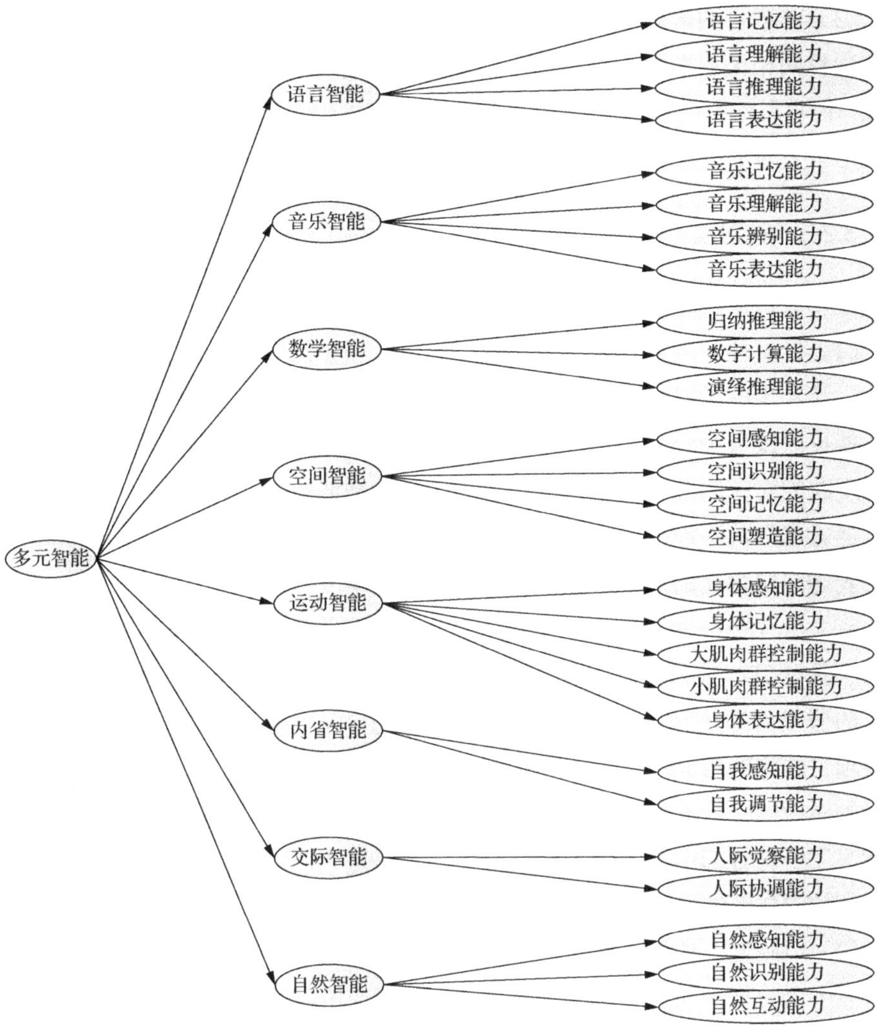

多元智能
- 语言智能
  - 语言记忆能力
  - 语言理解能力
  - 语言推理能力
  - 语言表达能力
- 音乐智能
  - 音乐记忆能力
  - 音乐理解能力
  - 音乐辨别能力
  - 音乐表达能力
- 数学智能
  - 归纳推理能力
  - 数字计算能力
  - 演绎推理能力
- 空间智能
  - 空间感知能力
  - 空间识别能力
  - 空间记忆能力
  - 空间塑造能力
- 运动智能
  - 身体感知能力
  - 身体记忆能力
  - 大肌肉群控制能力
  - 小肌肉群控制能力
  - 身体表达能力
- 内省智能
  - 自我感知能力
  - 自我调节能力
- 交际智能
  - 人际觉察能力
  - 人际协调能力
- 自然智能
  - 自然感知能力
  - 自然识别能力
  - 自然互动能力

图 4-3-1　多元智能三级结构

3.2.2　根据分类指标制定初选项目池

在根据分类指标制定初选项目池的过程中，课题组严格把握以下几点。

（1）在项目的相关内容上，课题组根据分类参考指标，结合初中生的年龄、身心发展的特点及北京特定生活环境的需要，制定相关项目。

（2）在项目的语言表述上，我们力求所设计的项目能贴近初中生的生活、通

运动参与和多元智能

俗易懂，并且能够被评定和量化。

（3）在项目的数量上，考虑到未来量表的信度系数（内在一致性系数）的需要和项目间相关系数的不确定性，增加项目的数量就成为弥补内部一致性的有效方法。但项目池中的项目越多，就越不清楚到底应该选择哪些项目组成量表，以测量我们想要测量的内容。因此，通常池中的项目是量表可包括项目的3～4倍即可[①]。

3.2.3 针对项目池进行团队讨论

在团队讨论过程中，我们从以下四个方面入手。

（1）针对性。项目的针对性主要有三点。一是项目在多大程度上表述了中心概念，即初步的项目池中的项目是否能够准确地反映相对应的分类参考指标。对于不能反映或很少反映的项目及时进行剔除或修改，直到留在项目池的项目能够准确反映相对应的分类参考指标。例如，语言智能中语言理解能力对应的"我容易听懂方言"就不能准确地反映中心概念，因为语言理解能力所代表的更多是对语句表达深层含义的理解、领悟，而不是对文字发音的理解。二是项目内容应符合北京大部分初中生的特定社会生活环境。例如，空间智能中的空间感知能力对应的"我看3D电影时不会头晕恶心"，不一定符合初中生的实际情况，因为这个项目的假设前提是北京市的所有初中生都看过3D电影，但实际情况并非如此。三是项目传递的信息应符合初中生的智力理解水平。例如，运动智能中的身体感知能力对应的"我能通过身体感觉（如游泳时有'水感'、打球时有'球感'）进行学习"不符合初中生的智力理解水平，尤其是"通过身体感觉进行学习"并不是所有初中生都能准确理解的。

（2）清晰性。项目的清晰性主要有两点。一是项目应该没有歧义。例如，语言智能中语言推理能力对应的"我容易听出别人说的话不符合常理"就有歧义，因为"常理"一词在现在的语言环境中表示的范围太广，它可以表示"合逻辑性的东西"，也可以表示"合习惯性的东西"，还可以表示"合情境性的东西"，而反映语言推理能力的项目体现的主要是"合逻辑性的东西"。二是项目应尽量避免冗长。因为冗长通常既增加了项目的复杂性，又减少了项目的清晰性，但是不能以牺牲项目的内容为代价而换取项目的间接性。例如，空间智能中空间识别能力对应的"我方向感很强，在陌生的地方也不会迷失方向"就太冗长，可以改成"我

[①] 德维利斯. 量表编制：理论与应用[M]. 魏勇刚, 席仲恩, 龙长权, 译. 重庆：重庆大学出版社, 2004.

善于辨别方向"。

（3）可读性水平。项目的可读性水平即项目表述所用文字的难易程度，主要体现在以下三点。一是项目长度。评估构成量表的项目可读性等级的典型做法是把长词和长句等同于难度高。对于可读性为七年级水平（初中生）的文本，平均每句话的单词数约为18，音节数约为24[①]。因此，项目应尽量简短，最好不超出24个字（按每个音节一个汉字计算）。二是项目的意义因素和句子结构因素。在项目的意义因素方面，尽量避免使用否定意义的词汇和代词，因为这些词汇会让被试者进行过多的推断。在句子结构因素方面，尽量避免并列结构。例如，语言智能中反映语言理解能力的"我容易明白别人的指示、说话内容及言外之意"就可能让被试者在选择时左右为难。因为被试者可能只"容易明白别人的指示、说话内容"，但不"容易明白别人的言外之意"，这样就给被试者的选择带来不必要的麻烦。

（4）区分度。项目的区分度主要有两层含义。一是项目在表述上尽量避免使用程度副词，如"很""非常""特别"等，因为这些程度副词会影响被试者对于项目与自己的符合程度的区分。例如，空间智能中的空间识别能力对应的"我能够很好地运用地图寻找目的地或所在位置"就严重影响被试者的判断。二是项目涉及的内容应能让被试者进行区分判断。例如，空间智能中的空间感知能力对应的"相比于平面图，我更喜欢看立体模型"就不具有区分度，因为在我们平时生活中无法区分对于平面图画和立体模型的喜好程度。

通过团队讨论对项目池中的项目进行了14次修改，形成访谈问卷（专家意见表，详见附录1）。

3.2.4 内容效度检验（专家访谈）

为了使量表的内容效度最大化，课题组邀请了一组对多元智能领域相当熟悉的专家对初中生多元智能项目池中的题目进行评审。内容效度专家意见汇总如表4-3-9所示。

[①] 德维利斯. 量表编制：理论与应用[M]. 魏勇刚，席仲恩，龙长权，译. 重庆：重庆大学出版社，2004.

◇◇ 运动参与和多元智能

表4-3-9 内容效度专家意见汇总

智力维度	评论
语言智能	"我能读懂一篇文章的中心思想"中的"中心思想"更多的是对文章的归纳和提升,建议用"段落大意"替换
数学智能	"我善于寻找一些数学的简便算法"改成"我善于寻找一些数学题目的简便算法" "数学逻辑智能"改成"数理逻辑智能" "数学计算能力"改成"数学运算能力" "我喜爱棋类游戏"——不太确定棋类游戏是否能体现演绎推理能力
运动智能	"我有良好的运动感觉(如"水感""球感""力度感"等)"不能理解这几个名词,不知道初中生是否理解什么是"水感""球感""力度感"
空间智能	"我有丰富的想象力"——想象力等于空间塑造能力吗?例如,想象故事情节似乎与空间能力没有多大的关系
自然智能	"自然互动能力"似乎也包含环保方面 "我能利用热胀冷缩的原理来解决一些问题"这个题目太局限了,改成"我善于利用一些自然规律来解决问题"或"我善于利用一些自然规律来安排生活"。 "我能根据下雨前的征兆确认是否下雨,如燕子低飞、蜻蜓低飞、蚯蚓出洞、蛇过马路、狗吃草等"中的"确认"改成"预测"

专家效度的平均得分在8.5分以上,课题组更坚定了编制多元智能评估量表的信心。针对评审专家指出的项目内容方面的问题,课题组在结合本研究的目的和假设的基础上,参考专家评审意见,经过七次团队讨论,进一步确定了项目池中的项目。

3.2.5 内容效度检验(学生访谈)

学生访谈的目的是测试学生是否明白各评量项目的内容,便于进一步修改评定项目,实现量表内容效度最大化。

为了考查评量项目的区分度情况,课题组给每个项目设置了五个程度认同等级,分别是"完全不符合""较不符合""一般符合""比较符合""完全符合"。为防止学生在答题过程中的思维惯性,课题组把题目穿插排列,即从每种智能维度各出一题依次排列,八道题后按同样的顺序再排一组,轮空时,后面依次递补。

随机选择50名初二学生(男生23名,女生27名)进行访谈,将这50名学生分成5组,每组10人,共分5次进行。每组都首先让学生做访谈问卷,在做访谈问卷过程中将遇到的问题进行标记,然后请他们提出对哪些内容不明白,最后讨论如何修改能使他们明白评量项目的内容。问卷设置建议和问卷内容建议分别如表4-3-10和表4-3-11所示。

第4部分 运动参与和初中生多元智能关系的研究

表 4-3-10 问卷设置建议

建议改成	量表预设	理由
完全符合	完全不符合	
比较符合	较不符合	被试者一般有做问卷或调查量表的经历，习惯于负面选项在
一般符合	一般符合	前、正面选项在后，这样的设置避免了他们在做本量表时犯
较不符合	比较符合	习惯性的错误，以提高量表测试的成功率
完全不符合	完全符合	

表 4-3-11 问卷内容建议

题号	题目	问题与分析	修正预案
T5	我有良好的运动感觉（如"水感""球感""力度感"等）	此题测试的是被试者的身体感知能力。"水感""球感""力度感"这些词语太专业，初中生（一般在11~14岁之间）理解起来有困难。在题目表述上，应当尽量通俗易懂	我有良好的运动感觉（如游泳时我有很好的水性、打篮球时我对球有很好的手感）
T13	我能感知到自己的身体处于什么形态	此题目测试的是被试者的身体感知能力。部分初中生对"身体形态"难以理解，我们可以换一种通俗易懂的表述	闭上眼睛，我也能感知到自己的身体正在做什么样的动作
T33	我能读懂一篇文章的段落大意	此题测试的是被试者的语言理解能力。部分学生不经常使用"段落大意"一词，第一眼看到时，不能立刻反应过来。同时根据测量数据分析T33的区分度较好，我们可以将"段落大意"用更通俗易懂的词语替换	建议用"主要内容"替换"段落大意"
T64	我能根据下雨前的征兆确认是否下雨，如燕子低飞、蜻蜓低飞、蚯蚓出洞、蛇过马路、狗吃草等	此题测试的是被试者的自然识别能力。学生做此题的平均用时较长，因为题目过长，但这个题目能比较好地反映自然智能的自然识别能力，并且根据测试数据分析T64的区分度较好，也没有更好的替换题目	建议保留
T70	我的同学认为我很有号召力	此题测试的是人际协调能力。有学生认为"同学认为我是否有号召力，应该问我同学，而不是问我"。在编制此题时没有充分站在被试者的角度进行表述，导致被试者理解困难	我在同学之间具有号召力

163

3.2.6 确定最终的项目池

根据访谈结果进行分析整理，经过课题组的四次讨论，对项目进一步修改，最终确定了留在项目池中的项目。其中交际智能题目较少，故做了相应的优化和添加。八种智能的最终项目池中的项目如表4-3-12~表4-3-19所示。

表4-3-12 语言智能的最终项目池中的项目

一级指标	二级指标	量表题号
语言记忆能力	1. 我能记住一些优美的诗句	1
	2. 我能准确地记住自己听过的话	9
	3. 我能记住自己看过的书籍中的故事情节	17
语言理解能力	1. 我能听懂别人说的话是什么意思	25
	2. 我能读懂一篇文章的主要内容	33
	3. 我能明白别人说话的言外之意	41
	4. 我比周围的同学阅读速度快，并且理解看过的内容	49
语言推理能力	1. 我认为文字游戏、双关语很容易	57
	2. 我善于辩论	65
	3. 我能听出别人话语中前后不一致的地方	73
语言表达能力	1. 我作文写得好	80
	2. 我善于讲故事	85
	3. 我能清楚地表达自己的想法	90

表4-3-13 音乐智能的最终项目池中的项目

一级指标	二级指标	量表题号
音乐记忆能力	1. 一首歌或乐曲听1~2遍，我就能准确地哼唱出来	2
	2. 我能清晰记得自己学过的音乐知识	10
	3. 我经常哼唱自己听过的歌曲	18
音乐理解能力	1. 我能理解音乐表达的内涵（快乐、悲伤、和谐等）	26
	2. 我对音乐有自己独到的见解	34
音乐辨别能力	1. 我能清楚地分辨不同乐器演奏出的声音	42
	2. 我能分辨出合唱中的高音和低音	50
	3. 我有很好的节奏感	58
	4. 我能很清楚地发现别人唱歌时走调	66

续表

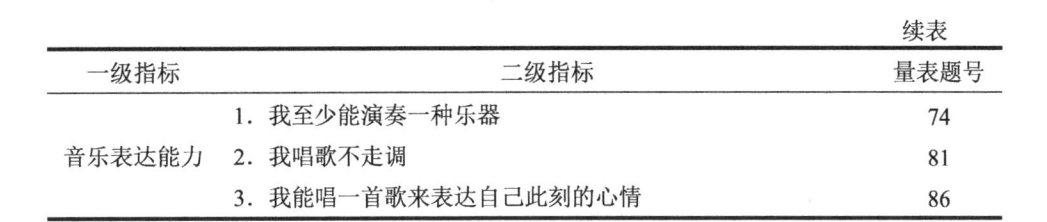

一级指标	二级指标	量表题号
音乐表达能力	1. 我至少能演奏一种乐器	74
	2. 我唱歌不走调	81
	3. 我能唱一首歌来表达自己此刻的心情	86

表4-3-14 数学智能的最终项目池中的项目

一级指标	二级指标	量表题号
归纳推理能力	1. 我能把学习用品、生活用品摆放得井井有条	3
	2. 我会把平时做错的题目收集整理	11
	3. 我善于寻找一些数学题目的简便算法	19
数字运算能力	1. 在数学计算中，我的计算思路很清晰	27
	2. 我懂得估算	35
	3. 我的心算速度很快	43
演绎推理能力	1. 我对电影的故事结局猜测准确	51
	2. 我做数学应用题时，善于运用方程	59
	3. 听懂了老师讲的例题，与例题相似的题目我都会做	67

表4-3-15 空间智能的最终项目池中的项目

一级指标	二级指标	量表题号
空间感知能力	1. 我能看出三维图像	4
	2. 我喜欢做几何题	12
	3. 我能准确目测周围建筑物的高度	20
空间识别能力	1. 面对两个外形相似的物体，我善于找出它们的不同之处	28
	2. 我善于辨别方向	36
	3. 我能很好地运用地图寻找到目的地	44
空间记忆能力	1. 我善用图像记忆	52
	2. 我对自己去过的地方记忆犹新	60
	3. 我善于记住物体的外形，如楼房、桌子、椅子、汽车的外形	68
空间塑造能力	1. 我能把自己的房间布置得很有条理	76
	2. 我常按照自己想象的模型搭积木	82
	3. 我能用橡皮泥捏成各种我所想到的形状	87

◇ 运动参与和多元智能

表 4-3-16 运动智能的最终项目池中的项目

一级指标	二级指标	量表题号
身体感知能力	1. 我学习打球的动作（如篮球运球、排球垫球）很有感觉	5
	2. 即使闭上眼睛，我也能感知到自己的身体在做什么动作	13
	3. 我的触觉特别敏感	21
身体记忆能力	1. 我能轻松模仿他人的动作	29
	2. 我能轻松学会广播体操	37
大肌肉群控制能力	1. 我至少擅长一项体育运动项目	45
	2. 我能轻松地在较窄的马路边沿（"马路牙子"）上行走	53
	3. 我能灵活自如地支配自己的身体	61
小肌肉群操作能力	1. 我能动手完成细致的手工艺作品，如十字绣、千纸鹤、飞机模型、雕塑、印章等	69
	2. 我的计算机打字速度比较快	77
	3. 我能用筷子快速夹起黄豆	83
身体表达能力	1. 我能用身体动作表达出自己的想法	88
	2. 我和别人谈话时常用一些手势	91
	3. 我反应比较快，能做到眼到手到	92

表 4-3-17 内省智能的最终项目池中的项目

一级指标	二级指标	量表题号
自我感知能力	1. 我知道自己的优缺点	6
	2. 我能分清自己的喜怒哀乐	14
	3. 我清楚自己的性格	22
	4. 我清楚自己的追求	30
自我调节能力	1. 我心情不好时，能选择合理的发泄方式	38
	2. 考试成绩优异时，我能用平和的心态面对	46
	3. 考试失利时，我能冷静地分析自己的问题	54
	4. 我知道如何激励自己	62

表 4-3-18　交际智能的最终项目池中的项目

一级指标	二级指标	量表题号
人际觉察能力	1. 我能发现别人的情绪变化	7
	2. 我善于察言观色	15
	3. 我能敏锐地觉察别人的意图	23
	4. 我能发现其他同学之间的矛盾	31
	5. 我通过别人的表情，就知道他是否在撒谎	39
人际协调能力	1. 我善于为他人排忧解难	47
	2. 我能化解其他同学之间的矛盾	55
	3. 我周围的同学经常找我帮忙	63
	4. 我善于和不同性格的同学打交道	71
	5. 我乐意与人合作	78

表 4-3-19　自然智能的最终项目池中的项目

一级指标	二级指标	量表题号
自然感知能力	1. 我对气候变化比较敏感	8
	2. 我对花草树木的颜色变化很敏感	16
	3. 我会仔细观察一些动植物	24
	4. 我对青山绿水有亲近感	32
自然识别能力	1. 我能通过不同的自然规律，如太阳、月亮、星星、动物、植物的自然规律辨别方向	40
	2. 我能区分不同的植物	48
	3. 我能分辨不同的气味	56
	4. 我能根据下雨前的征兆预测是否下雨，如燕子低飞、蜻蜓低飞、蚯蚓出洞、蛇过马路、狗吃草等	64
自然互动能力	1. 在平时生活中，我节约用水	72
	2. 我能饲养小动物	79
	3. 我能利用自然规律解决一些问题	84
	4. 我种植的小植物生长得非常好	89

3.2.7 发放与整理量表

为了达到评定和量化的目的，借鉴预测中的经验，课题组给每个项目设置了五个程度认同等级，分别是"完全不符合""较不符合""一般符合""比较符合""完全符合"。

为了防止学生在答题过程中的思维惯性，课题组把项目以蛇形排列，即从每种智能维度各抽一题依次排列，八道题后按同样的顺序再排一组。

为了检验被试者的基本诚信问题，课题组选择了语言智能中的"（25题）我能听懂别人说的话是什么意思"的反向题——"（75题）我不能听懂别人说话的意思"和数学智能中的"（43题）我的心算速度很快"的反向题——"（70题）我心算速度很慢"作为测谎题，插入项目蛇形排序时第一次和第二次轮空的位置，即第75题和第70题。

在北京市城区选取具有代表性的中学六所。①北京市顶尖学校：北京市三帆中学、北京师范大学附属实验中学。②北京市市重点学校：北京市建华实验学校、北京市八大处中学。③北京市区重点学校：北京市第二十中学、人大附中西山学校。在以上六所中学中随机选择班级，总共选取1200名初中生进行调查，问卷发放、回收、输入信息一览表如表4-3-20所示。

表4-3-20　问卷发放、回收、输入信息一览表

学校名称	发放份数（n=1200）	回收份数（n=1134）	合格份数（n=877）
北京师范大学附属实验中学	200	183	126
人大附中西山学校	200	198	149
北京市三帆中学	400	372	291
北京市建华实验学校	100	100	71
北京市第二十中学	150	145	129
北京市八大处中学	150	136	111

问卷发放多选择体育课时间，由本人向相应负责教师说明问卷内容，并在学生填写过程中全程监督以确保问卷真实有效。问卷总共发放1200份，回收1134份。根据信度项目（即测谎题）和问卷的完成情况，对问卷进行严格剔除，从1134份问卷中剔除不合格问卷257份，剩余合格问卷877份。对于原始数据中的缺失

值，采用序列均值替换，以减少对整体数据的影响。

3.2.8 结构效度检验和模型修正

根据质性研究得出多元智能理论模型，运用 LISREL8.8 编制多元智能理论模型（结构方程模型）的运行程序，如图 4-3-2 所示。通过程序的运行来验证数据与理论模型之间的适配度，这个过程被称为验证性因子分析。

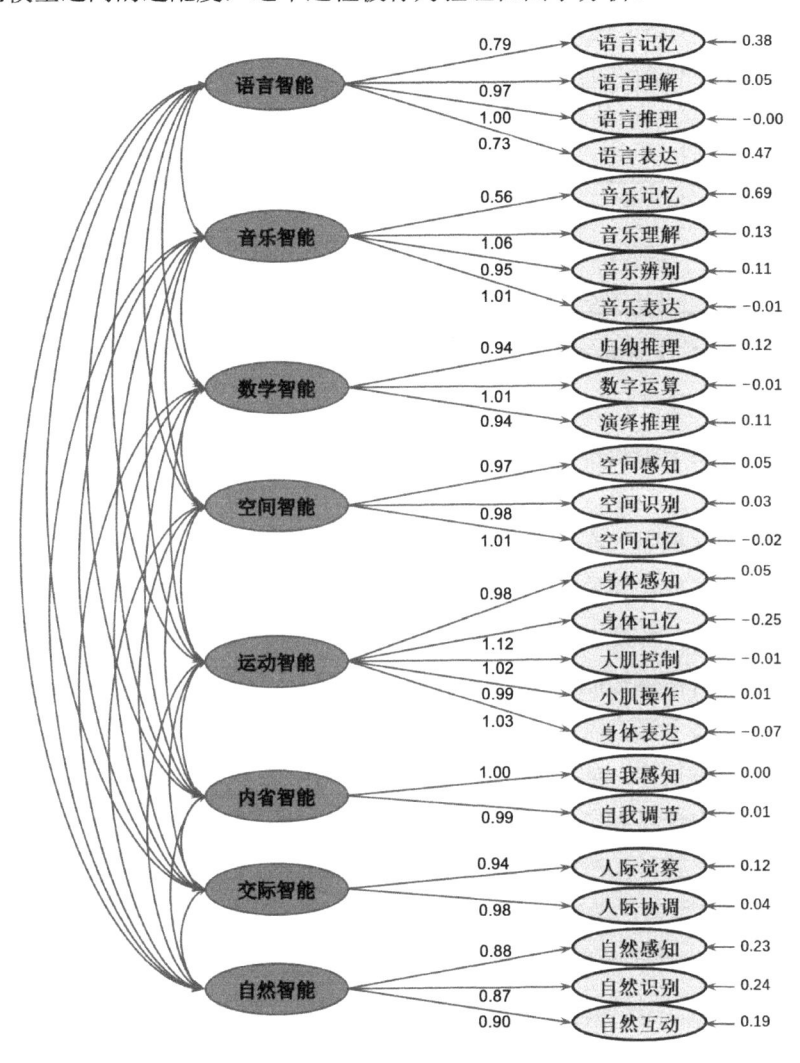

图 4-3-2 多元智能理论模型的运行程序

我们采用的是二阶的完全标准化验证性因子分析,模型修正前后的拟合指标如表 4-3-21 所示。在模型修正前,通过验证性因子分析,我们看到 χ^2/df=7.17(在一般情况下,$2.00<\chi^2/df<5.00$ 视为拟合度良好),拟合度较差;RMSEA=0.08(在一般情况下,0<RMSEA<0.10 视为拟合度良好),拟合度良好;GFI=0.62(在一般情况下,1.00>GFI>0.70 视为拟合度良好),拟合度较差;NNFI=0.94(在一般情况下,1.00>NNFI>0.90 视为拟合度良好),拟合度良好;CFI=0.94(在一般情况下,1.00>CFI>0.90 视为拟合度良好),拟合度良好。整体拟合度不佳,因此要根据修正指数,以渐进的方式进行模型修正。

表 4-3-21 模型修正前后的拟合指标

拟合指标	χ^2	df	χ^2/df	RMSEA	GFI	NNFI	CFI
模型修正前	27662.22	3860	7.17	0.08	0.62	0.94	0.94
模型修正后	13122.73	2646	4.96	0.07	0.71	0.96	0.96

总共进行了 15 次模型修正,在此过程中遇到了以下几种情况。

(1)项目(题目)在各自的智能维度中的载荷量呈现负值:第 82 题(我常按照自己想象的模型搭积木)、第 87 题(我能用橡皮泥捏成各种我所想到的形状),予以剔除。

(2)项目(题目)在理论设定的维度上的卡方贡献值远远小于在其他单个维度上的卡方贡献值:将第 1 题(我能记住一些优美的诗句)由语言记忆能力迁移至音乐记忆能力;将第 42 题(我能清楚地分辨不同乐器演奏出的声音)由音乐辨别能力迁移至自然感知能力;将第 84 题(我能利用自然规律解决一些问题)由自然互动能力迁移至语言表达能力,但是不符合理论,予以剔除;将第 40 题(我能通过不同的自然规律,如太阳、月亮、星星、动物、植物的自然规律辨别方向)由自然识别能力迁移到自然感知能力。

(3)项目(题目)在多个维度上的卡方贡献值都比较高、区分度较低:第 10 题(我能清晰记得自己学过的音乐知识)、第 18 题(我经常哼唱自己听过的歌曲)、第 45 题(我至少擅长一项体育运动项目)、第 91 题(我和别人谈话时常用一些手势)、第 13 题(即使闭上眼睛,我也能感知到自己的身体在做什么动作)、第 4 题(我能看出三维图像)、第 89 题(我种植的小植物生长得非常好)、第 64 题(我能根据下雨前的征兆预测是否下雨,如燕子低飞、蜻蜓低飞、蚯蚓出洞、蛇过马路、狗吃草等)、第 85 题(我善于讲故事)、第 59 题(我做数学应用题时,善于运用方程),予以剔除。

模型修正后的各拟合指标良好(见表 4-3-21)。

3.2.9 量表的信度分析

经过进一步的内部一致性检验,各种智能维度的 Cronbach's Alpha 系数均大于 0.70(表 4-3-22),整体信度为 0.964,表明修正后的模型内部一致性良好。

表 4-3-22　各种智能维度的内部一致性一览表

智能维度	Cronbach's Alpha 系数
语言智能	0.820
音乐智能	0.852
数学智能	0.860
空间智能	0.850
运动智能	0.846
内省智能	0.779
交际智能	0.784
自然智能	0.834

3.2.10 确定最终的项目

多元智能八个维度题目的分布为:语言智能 11 个测评项目,音乐智能 10 个测评项目,数学智能 8 个测评项目,空间智能 7 个测评项目,运动智能 12 个测评项目,内省智能 8 个测评项目,交际智能 10 个测评项目,自然智能 10 个测评项目。

按照初测试表量的设计方法,将最终各智能维度的测评项目编制成初中生多元智能量表(详见附录 2)。

4 多元智能量表在初中生运动参与领域的应用

编制初中生多元智能量表的目的是研究初中生运动参与和多元智能水平之间的关系。课题组将初中生多元智能量表与中学生运动参与调查问卷合并成初中生运动参与和多元智能水平调查表，在北京市部分城区中学进行测试。选取北京市城区的四所中学，总共发放 800 份初中生运动参与和多元智能水平调查表，回收有效调查表 636 份，有效率为 79.5%。样本在各中学的分布情况如表 4-4-1 所示。

表 4-4-1　样本在各中学的分布情况

中学	样本量（n=636）	百分比/%
北京市第二十中学	94	14.8
北京师范大学附属实验中学	227	35.7
人大附西山学校	128	20.1
北京市三帆中学	187	29.4

本研究拟解决的问题：①不同性别、年级、学生类型的初中生的运动参与情况；②初中生主动参与运动的频率、时间、强度等情况；③不同运动项目的参与情况；④八种智能之间的相关性；⑤初中生参与运动与否在其多元智能水平上的差异性；⑥初中生运动参与的经常性与其多元智能水平的关系；⑦参与运动项目与交际智能之间的关系；⑧参与运动项目与内省智能之间的关系。通过研究，一方面能得出初中生运动参与和多元智能之间的关系，另一方面可对初中生多元智能量表进行检验。

由表 4-4-2 可知，多元智能各维度上的 Cronbach's Alpha 系数都在 0.7 以上，整体信度达到 0.96，样本符合研究要求。

表 4-4-2　测试样本信度一览表

智能维度	Cronbach's Alpha 系数
语言智能	0.86
音乐智能	0.87
数学智能	0.80

续表

智能维度	Cronbach's Alpha 系数
空间智能	0.75
运动智能	0.83
内省智能	0.83
交际智能	0.85
自然智能	0.84

4.1 初中生运动参与情况

4.1.1 不同性别的初中生运动参与情况

由表 4-4-3 可知，整体样本中男女比例相当；除体育课外，86.2%的初中生平时会主动参加体育活动，男生主动参加体育活动的比率高于女生。这说明除体育课外，男生更主动地参加体育活动，这与男生相对外向型和女生相对内向型的普遍认识一致。

表 4-4-3　不同性别的初中生运动参与情况

运动参与情况		男生	女生
参加	人数（百分比）	270（92.2%）	278（81.0%）
不参加	人数（百分比）	23（7.8%）	65（19.0%）

4.1.2 不同年级的初中生运动参与情况

由表 4-4-4 可知，初二的学生比初一的学生参加体育活动的积极性高。初一的学生刚刚进入一所全新的学校，对于周围的环境还没有完全适应，心理和行为习惯受到约束，而初二的学生已经基本适应学校的环境，心理和行为习惯得以释放，这种心理和行为上的差异导致初一、初二的学生体育活动参与积极性的差异。

◇ 运动参与和多元智能

表 4-4-4 不同年级的初中生运动参与情况

运动参与情况		一年级	二年级
参加	人数（百分比）	170（84.2%）	378（87.1%）
不参加	人数（百分比）	32（15.8%）	56（12.9%）

4.2 初中生主动参与运动的频率、时间、强度

4.2.1 初中生主动参与运动的频率

由表 4-4-5 可知，除 13.8%的初中生不参加体育活动外，剩余的初中生中有不到四分之三的初中生每周参加体育活动的次数在二次以上，23.4%的初中生每周参加体育活动的次数在五次及以上。

表 4-4-5 初中生主动参与运动的频率

每周运动次数	人数（百分比）
不参加	88（13.8%）
一次	94（14.8%）
二次	126（19.8%）
三次	118（18.6%）
四次	61（9.6%）
五次及以上	149（23.4%）

4.2.2 初中生主动参与运动的时间（平均每次）

由表 4-4-6 可知，在所有样本中，有 45%以上的初中生每次参与运动的时间在 30 分钟至 1 小时之间，25%以上的初中生每次参与运动的时间在 1～2 小时，平均每次参与运动的时间超过 2 小时的初中生占总人数的 5.7%。总的来说，76%以上的初中生每周参与运动的时间平均在 30 分钟以上。

表 4-4-6　初中生主动参与运动的时间（平均每次）

运动参与的时间	人数（百分比）
不参加	88（13.8%）
30 分钟以内	59（9.3%）
30 分钟至 1 小时	292（45.9%）
1～2 小时	161（25.3%）
2 小时及以上	36（5.7%）

4.2.3　初中生主动参与运动的强度（平均每次）

由表 4-4-7 可知，除体育课外，主动参与运动的初中生中 83%以上的达到或超过微微出汗的强度，45%以上的达到或超过出汗较多的程度，9%以上的达到大量出汗的程度。

表 4-4-7　初中生主动参与运动的强度（平均每次）

运动参与的强度	人数（百分比）
不参加	88（13.8%）
不出汗	15（2.4%）
微微出汗	242（38.1%）
出汗较多	231（36.3%）
大量出汗	60（9.4%）

4.3　不同运动项目的参与情况

4.3.1　不同运动项目参与人数

由图 4-4-1 可知，在 18 种运动项目中，参与率由高到低的前 8 种依次是跑步>羽毛球>篮球>游泳>乒乓球>足球>排球>网球。

◇ 运动参与和多元智能

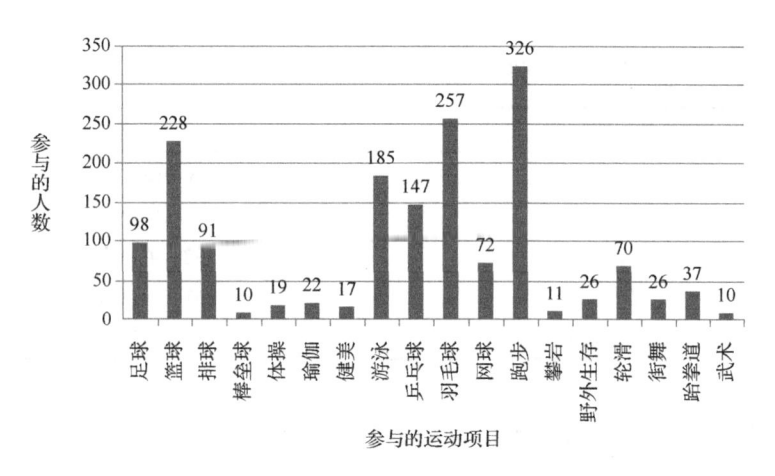

图 4-4-1　不同运动项目参与人数统计

4.3.2　参与项目类别

由图 4-4-2 可知，36.2%的初中生平时只参加个人项目，只参加集体项目的初中生极少，在 0.5%以下，49%以上的初中生平时既参加个人项目又参加集体项目。

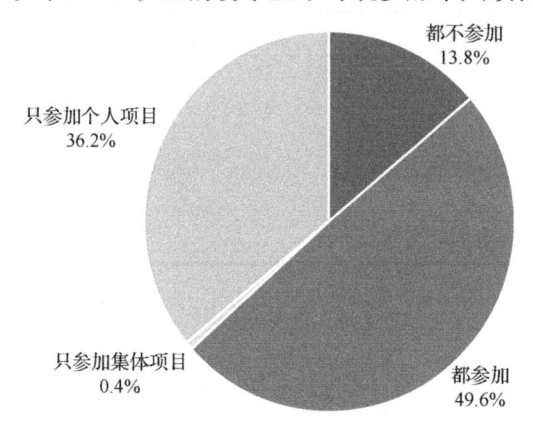

图 4-4-2　参与项目类别统计

4.4　初中生八种智能维度之间的相关性分析

加德纳的多元智能理论之所以认为智能是多元的，主要是基于认知神经科学和认知神经障碍病理学的研究中的大脑皮层分区控制的理念，但是现在的认知神经科学的研究成果仍不能否认大脑皮层的各个区域之间的相互联系。大脑皮层各区域之间究竟存在什么样的联系？多元智能的各智能维度之间究竟有什么样的相关性？对于这些问题，将在下面的研究中展开论证。

本研究以 636 份初中生样本为研究对象，以研究前期编制的初中生多元智能量表为标准，运用 SPSS18.0 测量八种智能维度之间的斯皮尔曼相关系数，探讨八种智能之间的相关性。一般认为在两个变量的相关性显著的前提下，斯皮尔曼相关系数的绝对值大于或等于 0.8 时，二者高度相关；斯皮尔曼相关系数的绝对值在 0.4~0.8 之间时，二者中度相关；斯皮尔曼相关系数的绝对值小于或等于 0.4 时，二者低度相关。由表 4-4-8 可知，各种智能维度之间的相关性都是显著的，并且除空间智能和音乐智能是低度相关的外，其他都是中度相关的。

表 4-4-8 八种智能之间的斯皮尔曼相关系数

智能维度	语言智能	音乐智能	数学智能	空间智能	运动智能	内省智能	交际智能	自然智能
语言智能	1.00	0.58**	0.62**	0.53**	0.67**	0.67**	0.75**	0.69**
音乐智能	0.58**	1.00	0.44**	0.38**	0.58**	0.50**	0.54**	0.63**
数学智能	0.62**	0.44**	1.00	0.70**	0.64**	0.62**	0.55**	0.58**
空间智能	0.53**	0.39**	0.71**	1.00	0.62**	0.53**	0.51**	0.63**
运动智能	0.67**	0.58**	0.64**	0.62**	1.00	0.66**	0.67**	0.66**
内省智能	0.67**	0.50**	0.62**	0.53**	0.66**	1.00	0.73**	0.60**
交际智能	0.75**	0.54**	0.55**	0.51**	0.67**	0.73**	1.00	0.63**
自然智能	0.69**	0.63**	0.58**	0.63**	0.66**	0.60**	0.63**	1.00

**在置信度（双测）为 0.01 时，相关性是显著的。

有中度相关出现的原因有三个：从认知神经科学方面来看，人在完成不同活动时需要不同的大脑皮层区域协调配合，各区域形成一个网络化结构，彼此之间联系密切；从个体生理发育方面来看，初中生正处于青春发育期，身心各方面智能从一个较原始的智能基点出发，各种智能还未呈现出较明朗的分化发展态势，并且各智能的发展程度也相对统一，因此这些智能之间的相关性在统计学意义上会较高；从测量对象的文化背景来看，测量对象生活在相似的文化环境中，难以避免他们之间会有相同或相似的生活经验，人脑具有可塑性，即人脑可以被环境

◇◇ 运动参与和多元智能

或经验所修饰,具有在外界环境和经验的作用下不断塑造其结构与功能的能力,这些相同或相似的经验在塑造脑的结构与功能时具有趋同性,导致他们的思维方式和行为方式有很高的相似性。

语言智能和交际智能、数学智能和空间智能、内省智能和交际智能之间的相关性比较高,斯皮尔曼相关系数都达到了 0.7 以上。首先,对于语言智能和交际智能来说,在现实生活中,如果一个人的语言理解能力、语言记忆能力、语言推理能力、语言表达能力较强,他就能够高效地理解、揣摩和记忆别人的话语,并且能运用合适的语言传达自己的思想,这样的人必然人际沟通和交流畅通、高效,便于其人际交往,其交际智能也必然较高,这与我们生活中的普遍经验相一致。其次,对于数学智能和空间智能来说,严密的逻辑思维是数学智能的核心运作方式,这种运作方式正好与空间智能中的空间视觉化能力和心理旋转能力相一致[1],都属于抽象思维,并且位于顶骨前页的视觉空间区域掌管数字计算功能[2],因此它们的相关性较高。最后,对于内省智能和交际智能来说,在认知神经科学中隶属于内省智能的自我知觉主要受到内侧前额叶皮质、扣带前回和眶额皮质等区域控制,然而"一系列的研究表明,内侧前额叶皮质对推测他人心理状态起到重要作用",并且"内侧前额叶皮质在外表特征和内部生理条件下被激活"[3]。也就是说,内侧前额叶皮质在某种程度上既控制着内省智能又控制着交际智能,因此内省智能和交际智能的相关性较高。

4.5 初中生运动参与与否在八种智能维度上的比较

由表 4-4-9 可知,按照除体育课外是否参加体育活动将 636 份初中生样本分为不参加(88 份)和参加(548 份)两组,参加体育活动的初中生样本在八种智能维度上的得分均高于不参加体育活动的初中生样本。这说明运动参与在某种程度上促进了初中生的八种智能整体水平的提高。这正好与脑可塑性研究发现相吻

---

[1] 方刚. 性别心理学[M]. 合肥:安徽教育出版社,2010.
[2] 加德纳. 多元智能新视野[M]. 沈致隆,译. 北京:中国人民大学出版社,2012.
[3] GAZZANIGA M S, IVRY R B, MANGUN G R. 认知神经科学:关于心智的生物学[M]. 周晓林,高定国,译. 北京:中国轻工业出版社,2011.

合——"运动可以通过系统水平、细胞水平、分子水平等途径影响脑的可塑性"[①],"运动对发育期脑可塑的积极影响也许会导致个体具有联系更紧密的大脑网络"[②],提高大脑整体运作水平。

表 4-4-9　参与运动与否在八种智能维度上的比较（组统计量）

除体育课外是否参加体育活动		语言智能	音乐智能	数学智能	空间智能	运动智能	内省智能	交际智能	自然智能
参加	均值	3.9147	3.9350	3.7911	3.8160	4.0324	4.2000	4.1085	3.8206
	样本量	548	548	548	548	548	548	548	548
	标准差	0.63290	0.78123	0.65460	0.69965	0.60272	0.63282	0.65199	0.71576
不参加	均值	3.8523	3.7500	3.7003	3.5666	3.7235	4.0682	3.9558	3.6898
	样本量	88	88	88	88	88	88	88	88
	标准差	0.66180	0.82085	0.69778	0.65678	0.63308	0.63453	0.62979	0.72477

由表 4-4-10 可知，在方差为齐性的情况下（$F<0.05$），交际智能（Sig=0.041）的 Sig 值均小于 0.05，存在显著差异；在方差不齐的情况下（$F>0.05$），音乐智能（Sig=0.041）、空间智能（Sig=0.002）、运动智能（Sig=0.000）存在显著差异。这说明参加和不参加体育活动的初中生样本在音乐智能、空间智能、运动智能、交际智能上存在显著性差异，即参加体育活动的初中生在音乐智能、空间智能、运动智能、交际智能上明显优于不参加体育活动的初中生。

表 4-4-10　运动参与与否在八种智能维度上的比较（独立样本 T 检验）

智能维度	方差假定	方差齐性检验（F）	t 值	显著性水平（Sig）
语言智能	相等	0.003	0.854	0.393
	不相等		0.827	0.410
音乐智能	相等	1.328	2.048	0.041
	不相等		1.976	0.051
数学智能	相等	0.516	1.196	0.232
	不相等		1.142	0.256

---

① GAZZANIGA M S, IVRY R B, MANGUN G R. 认知神经科学：关于心智的生物学[M]. 周晓林,高定国,译. 北京：中国轻工业出版社，2011.
② STERN Y. What is cognitive reserve? theory and research application of the reserve concept [J].Journal of the international neuropsychological society,2002, 8(3):448-460.

◇ 运动参与和多元智能

续表

智能维度	方差假定	方差齐性检验（F）	t值	显著性水平（Sig）
空间智能	相等	0.646	3.130	0.002
	不相等		3.276	0.001
运动智能	相等	0.536	4.432	0.000
	不相等		4.277	0.000
内省智能	相等	0.291	1.814	0.070
	不相等		1.810	0.073
交际智能	相等	0.040	2.048	0.041
	不相等		2.100	0.038
自然智能	相等	0.016	1.589	0.113
	不相等		1.575	0.118

4.6 初中生运动参与经常性与多元智能发展水平的关系

在我国对体育人口的研究中，通常采用《中国群众体育现状调查与发展》中提出的体育人口的判定标准：每周进行体育活动三次以上；每次身体活动时间在30分钟以上；每次身体活动强度达到中等程度以上。根据此项标准，结合相关调查，本研究认为每次身体活动30分钟以上、身体达到出汗标准为一次有效运动。在本研究中，除体育课外，每周参加三次和三次以上有效运动的视为经常参加；除体育课外，每周参加一次或两次有效运动的视为不经常参加；选择从来不参加运动的初中生视为不参加。以此得到可用来比较研究的样本分布如表4-4-11所示：不参加的有88人（13.8%），不经常参加的有185人（29.1%），经常参加的有294人（46.2%），其他的有69人（10.8%）。

表4-4-11　运动参与经常性与多元智能发展水平的关系（组统计量）

运动参与经常性	人数（百分比）
不参加	88（13.8%）
不经常参加	185（29.1%）
经常参加	294（46.2%）
其他	69（10.8%）

由表4-4-12可知，按照运动参与经常性将有效的初中生整体样本分为不参加、不经常参加、经常参加三组，在进行单因素ANOVA检验后，我们发现数学智能、空间智能、运动智能、内省智能、交际智能组间具有显著性差异。

表4-4-12 运动参与经常性与多元智能发展水平的关系（ANOVA检验）

智能维度	变异来源	平方和	df	均方	F	p
语言智能	组间	1.222	2	0.611	1.527	0.218
	组内	225.754	564	0.400		
	总数	226.976	566			
音乐智能	组间	3.071	2	1.535	2.579	0.077
	组内	335.816	564	0.595		
	总数	338.887	566			
数学智能	组间	6.744	2	3.372	8.409	0.000
	组内	226.167	564	0.401		
	总数	232.911	566			
空间智能	组间	15.291	2	7.645	17.481	0.000
	组内	246.659	564	0.437		
	总数	261.950	566			
运动智能	组间	13.911	2	6.955	20.105	0.000
	组内	195.121	564	0.346		
	总数	209.032	566			
内省智能	组间	2.962	2	1.481	3.852	0.022
	组内	216.849	564	0.384		
	总数	219.812	566			
交际智能	组间	4.868	2	2.434	6.097	0.002
	组内	225.172	564	0.399		
	总数	230.040	566			
自然智能	组间	2.240	2	1.120	2.245	0.107
	组内	281.356	564	0.499		
	总数	283.596	566			

从认知神经科学角度来看，参加体育活动的初中生大脑皮层的运动区域进一步得到激活，身体运动水平提高，因此他们的运动智能明显优于不参加体育活动的初中生。运动与脑可塑性研究表明，"运动对个体发展的生命全程的大脑都具有

◇◇ 运动参与和多元智能

一定的可塑性,大脑具有终身的可塑性,运动能够对各年龄阶段大脑的可塑性产生积极效应","更重要的是人生早期运动对脑的可塑性影响会起到脑储备的作用",初中生正处于早期脑可塑的黄金期,早期的运动参与会促进脑结构的积极变化[1]。

美国心理学家威特金(Witkin)将知觉判断时较多依赖外界环境因素的信息线索方式称为场依存性认知风格,将较多参照自身内部线索的信息线索方式称为场独立性认知风格。初中生参加体育活动是一种学习或经验积累的过程,也是脑的经验依赖可塑性的形成形式,它促进认知风格的形成[2]。参加体育活动能使人更深刻地感知自己身体生理机能的变化,有利于场独立性认知风格的形成,"场独立性认知风格的人更具有优势,他们善于抓住问题的关键性成分,灵活地运用知识解决问题,认知重构的能力强",这种人往往在内省智能、数学智能和空间智能方面较强。参加体育活动也有利于场依存性认知风格的形成,"场依存性的人更喜欢并善于交际,社会能力也强",因此,参加体育活动的初中生在交际智能上明显优于不参加体育活动的初中生[3]。

有研究发现,荷尔蒙睾丸激素水平影响空间能力[4],数学素养(数学智能)特别依赖的顶叶回路参与空间表征,并且激素水平和顶叶回路相互作用、相互影响[5]。因此,我们认为参与运动通过影响荷尔蒙激素水平来影响顶叶回路的激活水平,顶叶回路同时参与空间智能和数学智能,从而影响数学智能的发展。

进一步观察三组样本在八种智能上两两之间的均值差异性,由表 4-4-13 可知,不参加体育活动的初中生、不经常参加体育活动的初中生和经常参加体育活动的初中生在运动智能上具有显著性差异;不参加体育活动的初中生和经常参加体育活动的初中生在数学智能、空间智能、内省智能、交际智能上具有显著性差异;不经常参加体育活动的初中生和经常参加体育活动的初中生在数学智能、空间智能、交际智能上具有显著性差异。总体来看,初中生运动参与经常性对八种智能的影响程度由强到弱依次是运动智能>空间智能>数学智能>交际智能>内省智能>音乐智能>自然智能>语言智能。

---

[1] 陈爱国,颜军,殷恒婵. 运动与脑的可塑性研究进展及其教育启示[J]. 体育与科学,2011,32(6):61-64.
[2] 周加仙,董奇. 学习与脑可塑性的研究进展及其教育意义[J]. 心理科学,2008,31(1):152-155.
[3] 方刚. 性别心理学[M]. 合肥:安徽教育出版社,2010.
[4] 经济合作与发展组织. 理解脑:走向新的学习科学[M]. 北京师范大学"认知神经科学与学习"国家重点实验室脑科学与教育应用研究中心,译. 北京:教育科学出版社,2006.
[5] 鲍艳伟,任福继. 人脑信息处理和类脑智能研究进展[J]. 科技导报,2023,41(9):6-16.

表 4-4-13 运动参与经常性与八种智能的关系（多重比较 LSD）

智能维度	组别（I）	组别（J）	均值差（I-J）	标准误	p
数学智能	不参加	不经常参加	0.01920	0.08200	0.815
		经常参加	−0.20490*	0.07695	0.008
	不经常参加	经常参加	−0.22411*	0.05943	0.000
空间智能	不参加	不经常参加	−0.08904	0.08564	0.299
		经常参加	−0.38388*	0.08036	0.000
	不经常参加	经常参加	−0.29484*	0.06206	0.000
运动智能	不参加	不经常参加	−0.19904*	0.07617	0.009
		经常参加	−0.42051*	0.07147	0.000
	不经常参加	经常参加	−0.22147*	0.05520	0.000
内省智能	不参加	不经常参加	−0.08993	0.08030	0.263
		经常参加	−0.19330*	0.07535	0.011
	不经常参加	经常参加	−0.10337	0.05819	0.076
交际智能	不参加	不经常参加	−0.07422	0.08182	0.365
		经常参加	−0.22938*	0.07678	0.003
	不经常参加	经常参加	−0.15516*	0.05930	0.009

*均值差的显著性水平为 0.05。

4.7 运动参与项目类型与交际智能的关系

由表 4-4-14 可知，根据初中生参与运动项目的不同将总样本分成均不参加、只参加个人项目、只参加集体项目和均参加四组样本。此处，只参加集体项目的初中生的样本量过小，导致其均值不可信，故可暂且排除。剩余三组样本在交际智能上的均值由大到小依次为均参加>只参加个人项目>均不参加。

◇ 运动参与和多元智能

表 4-4-14 运动参与项目类型与交际智能的关系（描述）

指标	均不参加	只参加个人项目	只参加集体项目	均参加	总数
样本量	88	232	3	313	636
均值	3.95	4.04	3.92	4.15	4.08
标准差	0.629	0.675	0.357	0.633	0.650
F			2.898		
p			0.034		

由表 4-4-15 可知，均不参加的初中生和均参加的初中生在交际智能上具有显著性差异，只参加个人项目的初中生和均参加的初中生在交际智能上具有显著性差异。这进一步说明了参加体育活动特别是集体项目有助于促进交际智能的提高。

表 4-4-15 运动参与项目类型与交际智能的关系（多重比较 LSD）

组别（I）	组别（J）	均值差（I-J）	标准误	p
均不参加	只参加个人项目	−0.08730	0.08109	0.282
	只参加集体项目	0.02988	0.38028	0.937
	均参加	−0.20287*	0.07815	0.010
只参加个人项目	均参加	−0.11558*	0.05611	0.040
	只参加集体项目	0.11718	0.37637	0.756
只参加集体项目	均参加	−0.23275	0.37575	0.536

*均值差的显著性水平为 0.05。

4.8 运动参与项目类型与内省智能的关系

由表 4-4-16 可知，按照参与运动项目的不同将初中生整体样本（636 份）分成均不参加、只参加个人项目、只参加集体项目、均参加四组样本，它们在内省智能上的均值由高到低依次为均参加>只参加个人项目>均不参加>只参加集体项目。四组样本在内省智能上不具有显著性差异。

表 4-4-16 运动参与项目类型与内省智能的关系（描述）

指标	均不参加	只参加个人项目	只参加集体项目	均参加	总数
样本量	88	232	3	313	636
均值	4.0682	4.1395	4.0417	4.2464	4.1818
标准差	0.63453	0.65434	0.07217	0.61640	0.63420
F			2.433		
p			0.064		

由表 4-4-17 可知，四组样本中只有均不参加和均参加两组样本在内省智能上的均值具有显著性差异，这表明只有既参加个人项目又参加集体项目，才能有效促进内省智能的发展。这个结论与认知神经科学研究中的内侧前额叶皮质的激活不谋而合，内侧前额叶皮质同时作用于自我知觉和对他人的知觉[1]，在扣带前回的协调下保证自我知觉不至于偏离实际太远。重要的是，内侧前额叶皮质的激活涉及多种外部刺激和内部生理条件，个体只有参加多种多样的运动项目，不断丰富自己的情绪体验、认知挑战和社交互动，才能促进该区域功能的发展。因此，既参加个人项目又参加集体项目对于促进内省智能的发展非常重要。

表 4-4-17 运动参与项目类型与内省智能的关系（多重比较 LSD）

组别（I）	组别（J）	均值差（I-J）	标准误	p
均不参加	只参加个人项目	−0.07137	0.07913	0.367
	只参加集体项目	0.02652	0.37109	0.943
	均参加	−0.17822*	0.07626	0.020
只参加个人项目	均参加	−0.10686	0.05476	0.051
	只参加集体项目	0.09788	0.36727	0.790
只参加集体项目	均参加	−0.20474	0.36667	0.577

*均值差的显著性水平为 0.05。

---

[1] GAZZANIGA M S, IVRY R B, MANGUN G R. 认知神经科学：关于心智的生物学[M]. 周晓林，高定国，译. 北京：中国轻工业出版社，2011.

5 结 语

5.1 结 论

5.1.1 初中生八种智能维度之间存在中低度相关

各种智能维度之间的相关性都是显著的，并且除空间智能和音乐智能之间是低度相关外，其他都是中度相关；语言智能和交际智能、数学智能和空间智能、内省智能和交际智能之间的相关性比较高，斯皮尔曼相关系数达到 0.7 以上。

5.1.2 初中生是否参与运动对部分智能影响较大

运动参与在某种程度上促进了初中生的八种智能整体水平的提高；主动参加体育活动的初中生在音乐智能、空间智能、运动智能、交际智能上明显优于不参加体育活动的初中生。

5.1.3 初中生运动参与经常性明显影响部分智能的发展，并且对不同智能影响的程度不同

初中生运动参与经常性对数学智能、空间智能、运动智能、内省智能、交际智能影响较大；初中生运动参与经常性对八种智能的影响程度由强到弱依次是运动智能>空间智能>数学智能>交际智能>内省智能>音乐智能>自然智能>语言智能。

5.1.4 初中生参与运动项目的不同对交际智能影响较大，对内省智能影响不大

初中生参与运动项目的不同对交际智能的影响由大到小依次为均参加>只参加个人项目>均不参加；参加体育活动特别是集体项目有助于促进交际智能的提高；四组样本在内省智能上的均值由高到低依次为均参加>只参加个人项目>均不参加>只参加集体项目；只有既参加个人项目又参加集体项目，才能有效促进内省智能的发展。

5.2 建　议

5.2.1 教师的教育观

教师应该转变传统单一标准的智力观念，充分认识到每位学生都是可塑之才，只是可塑的智能不同。这样就能够站在积极正向的角度对待每位学生，努力为学生提供必要的运动参与条件和时间，积极创设和提供丰富且适宜的运动干预（教育）方案，辅以教育教学方法的改革，提高方案的针对性和实效性，营造良好的运动参与环境。

教师应该循序渐进地引导学生在运动参与中发挥自身智能特点并进行优秀意志品质的迁移。首先，教师可以通过肯定学生在运动中取得的成绩，帮助他们认识到自己是有能力的，从而帮他们树立自尊心和自信心，为他们将在运动中形成的优秀意志品质迁移到其他智能中奠定基础；其次，教师应该帮助学生分析并使之清楚地认识到自己在运动参与时形成的智能特点和意志品质；最后，教师应有针对性地引导学生将运动参与时形成的智能特点和意志品质迁移到其他智能中去。

5.2.2 学生的学习观

学生应该转变对运动参与的传统看法，积极参与体育运动，形成"终身体育"意识。

（1）学生应该转变对运动参与的传统看法，积极培养运动参与的兴趣，充分认识运动对于大脑的可塑性和意志品质形成的重要性，彻底领会优势智能和意志品质的迁移对于多元智能发展的重要意义。

（2）学生应该积极参加体育活动，确保参与项目的多样性、参与时间的充足性、参与强度的有效性、参与频率的经常性。首先，学生既要参加个人项目又要参加集体项目，这样有利于整体智能水平的提高，特别是交际智能水平的提高；其次，学生运动参与时长最好控制在每次30分钟到2小时之间，这样有利于身体机能水平的平稳过渡；再次，学生运动参与时至少要达到微微出汗，确保运动对于身体官能器官刺激的有效性；最后，学生应经常参加体育活动，至少每周参加两次体育活动，因为经常参加体育活动能够促进数学智能、空间智能、运动智能、内省智能、交际智能的提高。

（3）学生应该选择与自身相符的终身运动项目，从长期的运动参与中寻找成就感，形成"终身体育"意识。因为"运动对人生各阶段（发育、成年和老年）脑的可塑性都有积极影响"[1]。

5.3 研究局限及展望

5.3.1 研究局限

研究对象只局限于初一、初二的学生，没有初三的学生参与，原因在于初三的学生要准备升学考试，学业负担比较重；研究对象只局限于北京市城区中学的初中生，有待于进一步扩大研究对象的范围。

在初中生多元智能量表的编制过程中，发放1200份问卷，只回收878份，这对于量表的编制来说，回收率偏低。在初中生运动参与和多元智能的关系研究中，发放调查表800份，回收636份，这对于探讨二者的关系来说，样本量过小。

5.3.2 研究展望

在后续研究中，课题组准备拓宽研究对象的范围，扩充样本量，进一步修订量表，并深入分析多元智能的三级指标间的相关性，确定各智能维度之间的关系网络。在此基础上，课题组针对有较多共性的初中生智能特点，制定相应的智能提升处方。如果有条件，则将制作"测评—智能特点—智能提升处方"一体化的智能软件，为学生的多元智能水平的鉴定和提升提供可能，也为教师因材施教提供依据。

---

[1] 陈爱国，颜军，殷恒婵. 运动与脑的可塑性研究进展及其教育启示[J]. 体育与科学，2011，32（6）：61-64.

附 录

附录1 "初中生多元智能水平调查量表"专家意见表

尊敬的专家：

您好！我是北京师范大学"初中生多元智能水平调查"课题组成员。首先感谢您在百忙之中抽空阅读意见表并提出修改意见。本课题组正在制定"初中生多元智能量表"，您的宝贵意见将为我们提供经验和指导。

初中生多元智能水平调查基于美国哈佛大学教育研究院的心理发展学家霍华德·加德纳的多元智能理论，该理论将智能分成以下八个维度：语言智能、数学智能、运动智能、空间智能、音乐智能、交际智能、内省智能、自然智能。

请阅读以下题目，判断这些题目是否适合用来测量初中生的多元智能水平，在对应的空格内打"√"。另请在结尾提出修改意见。感谢您的殷切指导！

一级指标	二级指标	三级指标	完全不适合	比较不适合	不能确定	比较适合	完全适合
语言智能	语言记忆能力	我能记住一些优美的诗句					
		我能准确地记住自己听过的话					
		我能记住自己看过的书籍中的故事情节					
	语言理解能力	我能听懂别人说的话是什么意思					
		我能读懂一篇文章的中心思想					
		我能明白别人说话的言外之意					
		我比周围的同学阅读速度快，并且理解看过的内容					
	语言推理能力	我认为文字游戏、双关语很容易					
		我善于辩论					
		我能听出别人话语中前后不一致的地方					

◇ 运动参与和多元智能

续表

一级指标	二级指标	三级指标	完全不适合	比较不适合	不能确定	比较适合	完全适合
语言智能	语言表达能力	我作文写得好					
		我善于讲故事					
		我能清楚地表达自己的想法					
	您对语言智能因素题目的整体评价						
	您对语言智能的修改意见：						
音乐智能	音乐记忆能力	一首歌或乐曲听1～2遍，我就能准确地哼唱出来					
		我能清晰记得自己学过的音乐知识					
		我经常哼唱自己听过的歌曲					
	音乐理解能力	我能理解音乐表达的内涵（快乐、悲伤、和谐等）					
		我对音乐有自己独到的见解					
	音乐辨别能力	我能清楚地分辨不同乐器演奏出的声音					
		我能分辨出合唱中的高音和低音					
		我有很好的节奏感					
		我能很清楚地发现别人唱歌时走调					
	音乐表达能力	我至少能演奏一种乐器					
		我唱歌不走调					
		我能唱一首歌来表达自己此刻的心情					
	您对音乐智能因素题目的整体评价						
	您对音乐智能的修改意见：						

续表

一级指标	二级指标	三级指标	完全不适合	比较不适合	不能确定	比较适合	完全适合
数学智能	归纳推理能力	我能把学习用品、生活用品摆放得井井有条					
		我会把平时做错的题目收集整理					
		我善于寻找一些数学的简便算法					
	数字计算能力	在数学计算中,我的计算思路很清晰					
		我懂得估算					
		我的心算速度很快					
	演绎推理能力	我对电影的故事结局猜测准确					
		我做数学应用题时,善于运用方程					
		我喜爱棋类游戏					
		您对数学智能因素题目的整体评价					
您对数学智能的修改意见:							
空间智能	空间感知能力	我容易看出三维图像					
		我喜欢做几何题					
		我能准确目测周围建筑物的高度					
	空间识别能力	面对两个外表相似的物体,我善于找出它们的不同之处					
		我善于辨别方向					
		我能很好地运用地图寻找目的地					
	空间记忆能力	我善用图像记忆					
		我对自己去过的地方记忆犹新					
		我善于记住物体的外形,如楼房、桌子、椅子、汽车的外形					
	空间塑造能力	我能把自己的房间布置得很有条理					
		我有丰富的想象力					
		我能用橡皮泥捏成各种我所想到的形状					
		您对空间智能因素题目的整体评价					
您对空间智能的修改意见:							

◇ 运动参与和多元智能

续表

一级指标	二级指标	三级指标	完全不适合	比较不适合	不能确定	比较适合	完全适合
运动智能	身体感知能力	我有良好的运动感觉（如"水感""球感""力度感"等）					
		我能感知到自己的身体处于什么形态					
		我的身体触觉特别敏感					
	身体记忆能力	我能轻松模仿他人的动作					
		我能轻松学会广播体操					
	大肌肉群控制能力	我至少擅长一项体育运动项目					
		我能轻松地在较窄的马路边沿（"马路牙子"）上行走					
		我能灵活自如地支配自己的身体					
	小肌肉群操作能力	我能动手完成细致的手工艺作品，如十字绣、千纸鹤、飞机模型、雕塑、印章等					
		我的计算机打字速度比较快					
		我能用筷子快速夹起黄豆					
	身体表达能力	我能用身体动作表达出自己的想法					
		我和别人谈话时常用一些手势					
		我反应比较快，能做到眼到手到					
		您对运动智能因素题目的整体评价					
	您对运动智能的修改意见：						
内省智能	自我感知能力	我知道自己的优缺点					
		我总能分清自己的喜怒哀乐					
		我清楚自己的性格					
		我清楚自己的追求					
	自我调节能力	我心情不好时，能选择合理的发泄方式					
		考试成绩优异时，我能用平和心态面对					
		考试失利时，我能冷静地分析自己的问题					
		我知道如何激励自己					
		您对内省智能因素题目的整体评价					
	您对内省智能的修改意见：						

续表

一级指标	二级指标	三级指标	完全不适合	比较不适合	不能确定	比较适合	完全适合
交际智能	人际觉察能力	我能发现别人的情绪变化					
		我善于察言观色					
		我能敏锐地觉察别人的意图					
	人际协调能力	我能主动关心别人,善于为他人排忧解难					
		我能化解其他同学之间的矛盾					
		我周围的同学经常找我帮忙					
		您对交际智能因素题目的整体评价					
	您对交际智能的修改意见:						
自然智能	自然感知能力	我对气候变化比较敏感					
		我对花草树木的颜色变化很敏感					
		我会仔细观察一些动植物					
		我对青山绿水有亲近感					
	自然识别能力	我能通过不同的自然规律,如太阳、月亮、星星、动物、植物的自然规律辨别方向					
		我能区分不同的植物					
		我能分辨不同的气味					
		我能根据下雨前的征兆确认是否下雨,如燕子低飞、蜻蜓低飞、蚯蚓出洞、蛇过马路、狗吃草等					
	自然互动能力	在平时生活中,我节约用水					
		我能饲养小动物					
		我能利用热胀冷缩的原理来解决一些问题					
		我种植的小植物生长得非常好					
		您对自然智能因素题目的整体评价					
	您对自然智能的修改意见:						

请您对本量表进行效度评分(满分为10分):_____分

附录2 运动参与和初中生多元智能水平调查问卷

亲爱的同学：

你好！

本问卷旨在了解初中生的学习行为表现情况。问卷分为两个部分：第一部分是关于日常运动的基本资料；第二部分是初中生多元智能量表。每道题目之后均有五个选项，请按照你的实际行为表现与题目相符的程度，勾选适当的选项。

第一部分：基本资料

1. 你的性别：
①男　　　　　②女

2. 你的年级：
①初一　　　　②初二　　　　③初三

3. 学生类型：
①普通生　　　②科技特长生　③体育特长生
④美术特长生　⑤音乐特长生

4. 除体育课外，你平时参加体育活动吗？
①参加　　　　②不参加

如果第4题你参加体育活动，则请回答5～8题：

5. 除体育课外，你每周参加体育活动的频率是：
①　次　　　　②2次　　　　③3次
④　次及以上　⑤5次及以上

6. 你平均每次参加锻炼的时间是：
①30分钟以内　　　　　　②30分钟至1小时
③1～2小时　　　　　　　④2小时及以上

7. 你平均每次锻炼的运动量是：
①不出汗（小强度）　　　②微微出汗（中强度）
③出汗较多（大强度）　　④大量出汗（剧烈强度）

8．你主要参加的体育活动是（可多选）：

①足球　　　②篮球　　　③排球　　　④棒垒球
⑤体操　　　⑥瑜伽　　　⑦健美　　　⑧游泳
⑨乒乓球　　⑩羽毛球　　⑪网球　　　⑫跑步
⑬攀岩　　　⑭野外生存　⑮轮滑　　　⑯街舞
⑰跆拳道　　⑱武术　　　⑲其他（请填写）_____

第二部分：初中生多元智能量表

你的表现	完全不符合	较不符合	一般符合	比较符合	完全符合
1．我能记住一些优美的诗句	1	2	3	4	5
2．我能准确地记住自己听过的话	1	2	3	4	5
3．我能把学习、生活用品摆放得井井有条	1	2	3	4	5
4．我喜欢做几何题	1	2	3	4	5
5．我学习打球的动作（如篮球运球、排球垫球）时很有感觉	1	2	3	4	5
6．我知道自己的优缺点	1	2	3	4	5
7．我能发现别人的情绪变化	1	2	3	4	5
8．我能清楚地分辨不同乐器演奏出的声音	1	2	3	4	5
9．我能记住自己看过的书籍中的故事情节	1	2	3	4	5
10．一首歌或乐曲听1～2遍，我就能准确地哼唱出来	1	2	3	4	5
11．我会把平时做错的题目收集整理	1	2	3	4	5
12．我能准确目测周围建筑物的高度	1	2	3	4	5
13．我的触觉特别敏感	1	2	3	4	5
14．我能分清自己的喜怒哀乐	1	2	3	4	5
15．我善于察言观色	1	2	3	4	5
16．我对气候变化比较敏感	1	2	3	4	5
17．我能听懂别人说的话是什么意思	1	2	3	4	5
18．我能理解音乐表达的内涵（快乐、悲伤、和谐等）	1	2	3	4	5
19．我善于寻找一些数学题目的简便算法	1	2	3	4	5
20．面对两个外形相似的物体，我善于找出它们的不同之处	1	2	3	4	5
21．我能轻松模仿他人的动作	1	2	3	4	5
22．我清楚自己的性格	1	2	3	4	5

◇ 运动参与和多元智能

续表

你的学习行为表现	完全不符合	较不符合	一般符合	比较符合	完全符合
23．我能敏锐地觉察别人的意图	1	2	3	4	5
24．我对花草树木的颜色变化很敏感	1	2	3	4	5
25．我能读懂一篇文章的主要内容	1	2	3	4	5
26．我对音乐有自己独到的见解	1	2	3	4	5
27．在数学计算中，我的计算思路很清晰	1	2	3	4	5
28．我善于辨别方向	1	2	3	4	5
29．我能轻松学会广播体操	1	2	3	4	5
30．我清楚自己的追求	1	2	3	4	5
31．我能发现其他同学之间的矛盾	1	2	3	4	5
32．我会仔细观察一些动植物	1	2	3	4	5
33．我能明白别人说话的言外之意	1	2	3	4	5
34．我能分辨出合唱中的高音和低音	1	2	3	4	5
35．我懂得估算	1	2	3	4	5
36．我能很好地运用地图寻找到目的地	1	2	3	4	5
37．我至少擅长一项体育运动项目	1	2	3	4	5
38．我心情不好时，能选择合理的发泄方式	1	2	3	4	5
39．我通过别人的表情，就知道他是否在撒谎	1	2	3	4	5
40．我对青山绿水有亲近感	1	2	3	4	5
41．我比周围的同学阅读速度快，并且理解看过的内容	1	2	3	4	5
42．我有很好的节奏感	1	2	3	4	5
43．我的心算速度很快	1	2	3	4	5
44．我对自己去过的地方记忆犹新	1	2	3	4	5
45．我能轻松地在较窄的马路边沿（"马路牙子"）上行走	1	2	3	4	5
46．考试成绩优异时，我能用平和的心态面对	1	2	3	4	5
47．我善于为他人排忧解难	1	2	3	4	5
48．我能通过不同的自然规律，如太阳、月亮、星星、动物、植物的自然规律辨别方向	1	2	3	4	5
49．我认为文字游戏、双关语很容易	1	2	3	4	5
50．我能很清楚地发现别人唱歌时走调	1	2	3	4	5

续表

你的学习行为表现	完全不符合	较不符合	一般符合	比较符合	完全符合
51. 我对电影的故事结局猜测准确	1	2	3	4	5
52. 我善于记住物体的外形，如楼房、桌子、椅子、汽车的外形	1	2	3	4	5
53. 我能灵活自如地支配自己的身体	1	2	3	4	5
54. 考试失利时，我能冷静地分析自己的问题	1	2	3	4	5
55. 我能化解其他同学之间的矛盾	1	2	3	4	5
56. 我能区分不同的植物	1	2	3	4	5
57. 我善于辩论	1	2	3	4	5
58. 我至少能演奏一种乐器	1	2	3	4	5
59. 听懂了老师讲的例题，与例题相似的题目我都会做	1	2	3	4	5
60. 我的节奏感很差	1	2	3	4	5
61. 我能动手完成细致的手工艺作品，如十字绣、千纸鹤、飞机模型、雕塑、印章等	1	2	3	4	5
62. 我知道如何激励自己	1	2	3	4	5
63. 我周围的同学经常找我帮忙	1	2	3	4	5
64. 我能分辨不同的气味	1	2	3	4	5
65. 我唱歌不走调	1	2	3	4	5
66. 我对自己去过的地方记忆犹新	1	2	3	4	5
67. 我的计算机打字速度比较快	1	2	3	4	5
68. 我乐意与人合作	1	2	3	4	5
69. 在平时生活中，我节约用水	1	2	3	4	5
70. 我能听出别人话语中前后不一致的地方	1	2	3	4	5
71. 我能唱一首歌来表达自己此刻的心情	1	2	3	4	5
72. 我能用筷子快速夹起黄豆	1	2	3	4	5
73. 我能饲养小动物	1	2	3	4	5
74. 我作文写得好	1	2	3	4	5
75. 我能用身体动作表达出自己的想法	1	2	3	4	5
76. 我能清楚地表达自己的想法	1	2	3	4	5
77. 我反应比较快，能做到眼到手到	1	2	3	4	5

主要参考文献

[1] COAKLEY J J. Sport in society: issues and controversies[M]. 6th ed. Boston: Irwin/McGraw-Hill, 1998.

[2] 刘海燕,于秀. 关于运动参与概念的研究[J]. 沈阳体育学院学报,2005,24（1）：79-80.

[3] 田麦久. 运动训练学[M]. 北京：人民体育出版社,2000.

[4] 田麦久. 项群训练理论[M]. 北京：人民体育出版社,1998.

[5] 林崇德,辛涛. 智力的培养[M]. 杭州：浙江人民出版社,1996.

[6] 赵笑梅. 智力理论的最近发展与演变[J]. 比较教育研究,2005,26（1）：49-53.

[7] GARDNER H. Multiple intelligences: the theory in practice[M]. New York: Basic Books, 1993.

[8] CECI S J. On intelligence: A bioecological treatise on intellectual development[M]. Expanded ed. Cambridge: Harvard University Press, 1996.

[9] LAZEAR D G. Teaching for multiple intelligences[M]. Bloomington: Phi Delta Kappa Educational Foundation, 1992.

[10] ALMEIDA L S, PRIETO M D, FERREIRA A I, et al. Intelligence assessment: Gardner multiple intelligence theory as an alternative[J]. Learning and individual differences, 2010, 20(3): 225-230.

[11] ABDI A, ROSTAMI M. The effect multiple intelligences-based instruction on students' creative thinking ability at 5th grade in primary school[J]. Procedia-social and behavioral sciences, 2012, 47: 105-108.

[12] NIROO M, NEJHAD G H, HAGHANI M. The effect of Gardner theory application on mathematical/logical intelligence and student's mathematical functioning relationship[J]. Procedia - social and behavioral sciences, 2012, 47(2): 2169-2175.

[13] 沈致隆. 加德纳·艺术·多元智能[M]. 北京：北京师范大学出版社,2004.

[14] 杨清明,易定国. 多元智能理论下培养普通高校学生体育能力的探讨[J]. 南京体育学院学报（社会科学版）,2008,22（5）：114-116.

[15] STERNBERG R J. A triarchic approach to the understanding and assessment of intelligence in multicultural populations[J]. Journal of school psychology, 1999, 37(2):145-159.

[16] MCKENZIE W. Intelligence quest: project-based learning and multiple intelligences[M]. Eugene: International Society for Technology in Education, 2012.

[17] SHEARER C B. The MIDAS: professional manual[M]. Rev.ed. Kent: MI Research and Consulting Inc, 2007.

[18] SHEARER C B, LUZZO D A. Exploring the application of multiple intelligences theory to career counseling[J]. Career development quarterly, 2009, 58(1): 3-13.

[19] 张国祥. 多元智能评量——两项开创性的校本实验研究[M]. 北京：教育科学出版社,2007.

[20] 张建华. 体育知识论[M]. 北京：北京体育大学出版社,2012.

[21] 蒋京川,叶浩生. 智力是什么?——智力观的回溯与前瞻[J]. 国外社会科学,2006（2）：59-63.

[22] 张力为. 运动智力—困惑中的思考与思考中的困惑[J]. 中国体育科技, 1993, 29（1）: 39-45, 14, 49.

[23] CALLAGHAN F O, CALLAGHAN M O, WILLIAMS G, et al. Physical activity and intelligence: a causal exploration[J]. Journal of physical activity and health, 2012, 9(2): 218-224.

[24] SIMON H A. The sciences of the artificial[M]. Cambridge: The MIT Press, 1981.

[25] RICHARDS M, HARDY R, WADSWORTH M E. Does active leisure protect cognition? evidence from a national birth cohort[J]. Social science & medicine, 2003, 56(4): 785-792.

[26] NEWSON R S, KEMPS E B. Relationship between fitness and cognitive performance in younger and older adults[J]. Psychology & health, 2008, 23(3): 369-386.

[27] BOUCARD G K, ALBINET C T, BUGAISKA A, et al. Impact of physical activity on executive functions in aging: a selective effect on inhibition among old adults[J]. Journal of sport & exercise psychology, 2012, 34(6): 808-827.

[28] 莫雷, 王瑞明, 陈彩琦, 等. 心理学研究方法的系统分析与体系重构[J]. 心理科学, 2006, 29（5）: 1026-1030.

[29] SALOVEY P, MAYER J. Emotional intelligence[J]. Imagination, cognition and personality, 1990, 9(3): 185-211.

[30] GARDNER H. Frames of mind: the theory of multiple intelligences[M]. New York: Basic Books, 1983.

[31] FISHER A C. Sport intelligence[M]. New York: Sport Science Associates, 1984.

[32] 王洪彪, 周成林. 运动智力研究述评[J]. 天津体育学院学报, 2012, 27（2）: 148-153.

[33] ERMIS E, IMAMOGLU O. The effect of doing sports on the multiple intelligences of university students[J]. International journal of academic research, 2013, 5(5): 174-179.

[34] 王本法, 刘翠莲. 从"三元智力"到"成功智力"——斯腾伯格对传统智力理论的两次超越[J]. 南京师大学报（社会科学版）, 2008（4）: 108-112, 128.

[35] 花蓉, 熊红星. SMILES, 给教育改革带来的喜悦——评张国祥博士的"校本多元智能评量系统"[J]. 心理学探新, 2003, 23（2）: 63-64.

[36] ARMSTRONG T. Multiple intelligences in the classroom[M]. 3rd ed. Alexandria: Association for Supervision and Curriculum Development, 2009.

[37] LAZEAR D G. Multiple intelligence approaches to assessment: Solving the assessment conundrum[M]. Tucson: Zephyr Press, 1994.

[38] 史静琤, 莫显昆, 孙振球. 量表编制中内容效度指数的应用[J]. 中南大学学报（医学版）, 2012, 37（2）: 152-155.

[39] BYRNE B M. Structural equation modeling with EQS and EQS / Windows: basic concepts, applications, and programming[M]. London: Sage Publications Inc, 1994.

[40] 赵必华, 顾海根. 心理量表编制中的若干问题及题解[J]. 心理科学, 2010, 33（6）: 1467-1469.

[41] 侯杰泰, 温忠麟, 成子娟. 结构方程模型及其应用[M]. 北京: 教育科学出版社, 2004.

[42] GARDNER H. Multiple intelligences: new horizons[M]. New York: Basic Books, 2006.

[43] 燕良轼. 生命之智——中国传统智力观的现代诠释[M]. 济南: 山东教育出版社, 2012.

后　　记

　　岁月安排得巧妙，在我基本完成本书所有内容的撰写后，时间正好转到了和中秋连休的国庆长假。我躲进家门口一家隐世的咖啡馆，屏蔽外面的熙熙攘攘，努力把一个平常的黄昏写进记忆里。

　　我的导师张建华就是在四年前的今天离开了我们，当天我奔赴北京与同门兄弟姐妹一起送别恩师。三个月后，世界就陷入了新冠疫情，我与北京的距离越来越远。在那些经常困居于家中的日子里，我时时陷入一种想念的怪圈，每当学术路越走越窄时，就会想念身处北师大的点滴，越想念求学的时光，就越会追忆起和导师及同门相处的过往，回忆照进现实又是我在空空地面对计算机屏幕。不记得是哪一天无意翻出了博士论文想起了导师的心愿，抑或是本就存在记忆里因莫名心结而刻意遗忘的任务，我决定给自己的求学生涯做一出迟来的"安可"。

　　"多元智能"这几个字于我而言有刻骨的亲切感，起初我并不痴迷这个研究方向，我选择体育社会学是基于对体育和文史哲的双重热爱，选择张老师是看到他不与流俗的儒生气质，而张老师选择把他热衷的多元智能研究课题交给我，也许是基于我在本科时期表现出的积极和多面。这场信任支撑我走完从研究生入读到博士毕业整整六年，套用这些年体育圈常说的话就是"原以为是开始，谁成想是巅峰"。不敢说这些研究的水准有多高，而是在这段求知的故事里，我和张老师及团队里的每个人都在认真且一板一眼地寻找自己眼中的知识理想，并努力建构这场浩大的说辞，就如同这本书中的每句虔诚的表达。想来这种学术状态对于我等平凡人而讲，就是能及的巅峰。

　　杨远都博士是我多年的挚友，我们几乎同时开始了这场研究。当年我们一起争执那些棘手的问题，一起去请教各路专家。我们成为彼此在这条求知道路上最可靠的伙伴。撰写本书期间，恰逢他喜升为父，时常与我语音清谈，他遥远的支持给予我相当的勇气。王苗师妹在我毕业以后接过后续研究的大旗，她做论文期间，常常会找我询问过往的方法和经验。可以说是她的优秀支撑起了本书最后的环节，也是她的勤学好问使我在与她的交谈中维系了我关于多元智能研究的记忆。

后　记

　　我们同门间这场起于恩师、起于课题的缘分，沿着被编撰的文字结成长久的记录，这对于我们来说是一种无比美好的感受。

　　因为翻出了旧事，总有些故人需要被提及和感谢。其中，最为感激和想念的是我在北师大的另一位恩师高嵘教授，我提出的所有帮助和请求都得到了他确定无疑的回应并为本书作序。我如今在大学课堂讲授的体育史，正是初见高老师时他为我们讲授的课程，他是我努力模仿和贴近的榜样。感谢旧日同门李根、戚欢欢帮助我联系各方人脉，感谢师母贾子牧女士对我无条件的信任与支持，使我虽身在时间和空间的远端，却依然能感受到"华英雄"家庭的温暖与力量。

　　谨以此书献给我的恩师张建华教授。我愿意相信一位学者的生命绝不单以物质身体的存在为考量，书中的每页每行都有他与这个世界的相知共融，是我等后辈时时感念的小宇宙。

费辰光

2023年10月4日

南京